知的生活習慣が身につく

学級経営 ワークシート

11ヶ月+α

3・4年

［監修］谷 和樹
［編著］岡 孝直

☀学芸みらい社
GAKUGEI MIRAISHA

教科書のない学級経営に "プロの暗黙知" を

谷　和樹

なぜか学級経営が上手な先生がいます。

荒れたクラスでも、その先生が担任をすると嘘のように落ち着きます。

魔法のように見えますが、もちろん魔法ではありません。

その先生に力があるから落ち着くのです。

そうした「教師の力量」には、たくさんの要素があります。

要素の中には、すぐにマネできるものもありますが、見えにくいものもあります。

当然、見えにくい要素のほうが大切です。

見えにくくてマネしにくい要素を、その先生の

暗黙知

と呼んだりします。

マネすることが難しいから「暗黙知」なのですが、ある程度は言葉にして伝えることもできます。

そのごく一部でもマネすることができたらいいなと思いませんか？

そうした「暗黙知」をできるだけ目に見えるようにしたのが、本シリーズの「ワークシート」です。

ワークシートには、例えば次のようなことが含まれています。

1　何を教えるのか。
2　いつ教えるのか。
3　どのように教えるのか。
　1）どんな言葉で伝えるのか。
　2）どんな順序で伝えるのか。
4　子供たちはどんな活動をするのか。
　1）なぞらせるのか。
　2）選ばせるのか。
　3）書かせるのか。
5　どのように協力させるのか。
6　どのくらい継続させるのか。
7　どのように振り返らせるのか。

これらを、適切な内容で、適切な時期に、効果的な方法で、ほとんど直感的に指導できるのが教師の実力です。

とりわけ、学級経営には教科の指導と違って「教科書」がありません。

そうした力を身につけるためには、まずはこうしたワークシートを教科書がわりにして、教室で実際に使ってみることが第一歩です。

ワークシートに表現されている内容は、実力のあるベテラン教師の方法そのものだからです。

多くの先生方が、本シリーズのワークシートを活用され、楽しい学級経営をしてくださることを願っています。

本書の使い方

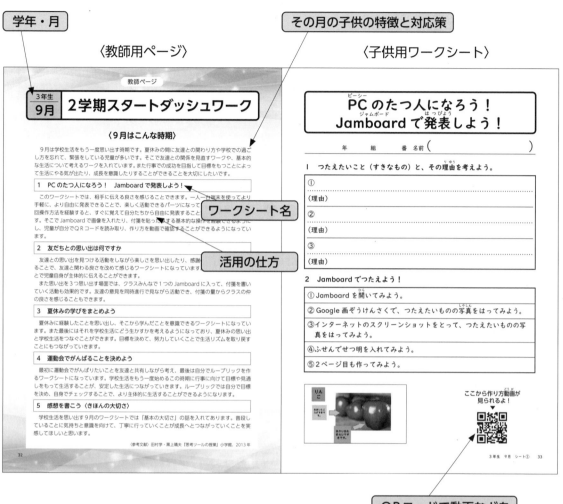

学年・月

その月の子供の特徴と対応策

〈教師用ページ〉

〈子供用ワークシート〉

ワークシート名

活用の仕方

QRコードで動画などを
読み取ることができます

学年や時期によって子供の特徴は異なります。その特徴に合わせて対応した学級経営に活用できるワークシートがあります。子供たちの成長へつなげることができると共に、月々にどのような声掛けや取り組みをしたらよいのかという計画を立てることにも役立ちます。

もちろん時期に関係なく子供の特徴に合わせたワークシートを選択し、使用していただくこともできます。

ワークシートには、QRコードが付いているものもあります。QRコードを読み込むと、子供が動画を見て学んだり、Webアプリが起動して電子ワークシートとしてお使いいただけるものもあります。

なお、本書に掲載のワークシートは、B5判で作成されています。このままコピーしても使用できますが、A4判（115％）やB4判（141％）などに拡大すると、記述するスペースが広くなり、より使いやすくなります。

岡　孝直

目　次

3年生の学級経営ワークシート

4月　新学期やる気アップワーク

5月　学級が仲良くなるワーク

6月　魔の6月を回避するワーク

7月　夏休みを充実させるワーク

9月　2学期スタートダッシュワーク

4年生 の学級経営ワークシート

新学期やる気アップワーク

3年生 4月

〈4月はやる気がみなぎる時期 スタートでチェックするシステムを〉

中学年の仲間入りをして新しい学習も始まります。「ギャング・エイジ」とも呼ばれる、子供たちのやる気をうまく褒めて生かしていくことが大切です。

「学級・授業のルール作り」「新しいクラスに慣れる仲間作り」を「セルフチェック」できるシステムをワークシートで作っていきましょう。

1　1年間の目ひょうを立てよう〈ルーブリックづくり〉

4月は新しいスタートとなり、やる気がみなぎる時期です。自分の目標を立て、努力したいこと、がんばりたいことを明確にします。

また、レベルを1〜5まで設け、1か月間、振り返ることができるようになっています。

自分で目標を5つ挙げて、それぞれ自分でレベルを選定することができます。

2　自こしょうかいをしよう

新しいクラスで自己紹介をする「ソーシャルスキルワークシート」です。できる子はそれを覚えて、自己紹介をするようにさせましょう。緊張してできない子もいるかもしれません。その場合は、それを見ながらでも紹介するようにしましょう。

できれば全員発表をするようにしましょう。

3　生活・学習の仕方をチェックしよう

クラスでおさえておきたい「生活面」と「学習面」を「セルフチェック」できるようにしています。

4つ目は「自分が気をつけたいこと」を書かせるようにしています。

4月末や学期の終わりに振り返るようにしていきましょう。

4　できたかな？　当番活動をふり返ろう

1学期の自分の当番活動の係を書かせます。そして大切なのはどんな仕事なのか書かせる活動です。担任が思っている仕事内容と児童が考えている仕事内容が違う場合があります。書くことで仕事内容をしっかり覚え、担任とも共有できます。反省も書かせるようにしていて、そして、次からの取り組みも書くようになっています。

月末にチェックできるようにしています。

5　感想を書こう〈1パーセントの才のうと、99パーセントのど力〉

イチロー（鈴木一朗）選手の有名なお話を読んで、感想を書くワークシートです。

努力の大切さを実感できるお話です。

１年間の目ひょうを立てよう 〈ルーブリックづくり〉

年　　　組　　　番　名前（　　　　　　　　　　　　　　）

１ １年間にどんなことにチャレンジしてみたいですか？

５つ書いてみよう。（例：身の回りを整理整とんする。１日１回は手をあげる）

	どんなことにチャレンジしてみたいですか？
①	
②	
③	
④	
⑤	

２ 「ルーブリック」をつくってみよう！

「ルーブリック」とは、みなさんの生活が進められる「ものさし」のことです。
一番かんたんにできそうなことは「レベル１」。
次にかんたんにできそうなことを「レベル２」……と書いていきましょう。

レベル	どんなことにチャレンジしてみたいですか？	チェックボタン
レベル１		✓
レベル２		✓
レベル３		✓
レベル４		✓
レベル５		✓

☆できたことがあったら「チェックボタン」にチェックをしてみよう。

自こしょうかいをしよう

年　　組　　番　名前（　　　　　　　　　　　　）

①わたしの名前は

　　　　　　　　　　　　　　　　　　　　　　　です。

②たん生日は

　　　　　　　月　　　　　　　日　です。

③すきな教科は

　　　　　　　　　　　　　　　　　　　　　　　です。

④すきな色は

　　　　　　　　　　　　　　　　　　　　　　　です。

⑤すきな食べ物は

　　　　　　　　　　　　　　　　　　　　　　　です。

⑥すきな
　（　　　　　　）は

　　　　　　　　　　　　　　　　　　　　　　　です。

⑦しゅ味
　（とく意なこと）は

　　　　　　　　　　　　　　　　　　　　　　　です。

みなさん　よろしくおねがいいたします。（ペコリ）

10

生活・学習の仕方をチェックしよう

年　　　組　　　番　名前（　　　　　　　　　　　　　　）

☆　生活面と学習面はどうでしたか？　○でチェックをしよう。

【生活面】

	内容	🌀	◎	○
1	**あいさつ** 自分から先にあいさつをしよう。	人以上	人以上	人以上
2	**親切** 友だちにやさしくしよう。	回以上	回以上	1回
3	**くつをそろえる** くつのかかとをきちんとそろえよう。	いつでも・どこでも そろえよう	いつもくつばこを そろえよう	毎朝くつばこを そろえよう
その他				

【学習面】

	内容	🌀	◎	○
1	**発表（手をあげよう）** 1時間に何回手をあげますか？	5回以上	3回以上	1回以上
2	**ていねい** 字をていねいに書こう。	いつもていねいに書いた	ノートの字はていねいに書いた	名前はていねいに書いた
3	**宿題** 宿題をきちんとやろう。	毎日かならずやる	週に1回くらいわすれた	週に2回以上わすれた
その他				

できたかな？　当番活動をふり返ろう

年　　組　　番 名前（　　　　　　　　　　　　　）

わたしの
当番活動は [　　　　　　　　　　　　　　　係] です。

どんな仕事ですか？（れい：毎朝、教室のまどを開ける）

[　　　　　　　　　　　　　　　　　　　　　] お仕事です。

☆４月のふり返り

４月はどうでしたか？	◎（かんぺき）・◎（がんばった）・〇（もう少し）・△（ざんねん）で 自分でひょうかしましょう。	
その理由を書きましょう。		
５月はどうしましょうか？		

☆５月のふり返り

５月はどうでしたか？	◎（かんぺき）・◎（がんばった）・〇（もう少し）・△（ざんねん）で 自分でひょうかしましょう。	
その理由を書きましょう。		
６月はどうしましょうか？		

☆６月のふり返り

６月はどうでしたか？	◎（かんぺき）・◎（がんばった）・〇（もう少し）・△（ざんねん）で 自分でひょうかしましょう。	
その理由を書きましょう。		
７月はどうしましょうか？		

☆７月のふり返り

７月はどうでしたか？	◎（かんぺき）・◎（がんばった）・〇（もう少し）・△（ざんねん）で 自分でひょうかしましょう。	
その理由を書きましょう。		
９月はどうしましょうか？		

感想を書こう
〈１パーセントの才のうと、99パーセントのど力〉

年　　組　　番　名前（　　　　　　　　　　　）

ある世界てきに有名な野球せん手の高校生活（寮生活）の様子です。

練習が終わってふろに入って夕食が終わる。

そこから23時の消とう時こくまでがゆい一の自由時間だったが、この時間にほとんどの１年生と２年生は先ぱいのユニフォームや下着をせんたくすることになる。

だけど、イチローはちがった。その時間にもテニスコートですぶりをしたり、りく上トラックに出てランニングをして自分をきたえた。

けっきょく、みんながねている間にせんたくをするために、午前三時おきを自分で決める。

３時から５時までせんたくをして、５時から朝食のじゅんびをするために米をとぎ、味そしるを作った。

丸２年間、この日かをつづけることになる。

だれのことかわかりましたか？
イチロー（鈴木一朗）せん手です。

かれは、日本プロ野球とメジャーリーグで通算28シーズンをプレーし、プロ野球における通算安打世界記ろくほ持者（通算4367安打でギネス世界記ろくににん定）、さい多し合出場世界記ろくほ持者（通算3604し合出場）です。

かれは、「１パーセントの才のうと99パーセントのど力」と言っています。

イチローせん手が天才なのだとしたら、それは人なみはずれた「ど力の天才」ということになるでしょうね。

お話を読んでの感想を書こう。

....

....

....

3年生 5月 | 学級が仲良くなるワーク

〈5月はこういう時期〉

5月は、張り切っていた4月の緊張感が徐々に解けていき、子供たちが本来の力に戻っていく時期です。また、新しい友達との関わりにも慣れていき、ケンカも増えてくるかもしれません。教師も同様に、4月にはルールを教えよう、たくさん褒めようと張り切っていたはずが、5月に入ると疲れも出てきて、叱る場面が増えてしまいがちです。5月こそ、1年間の楽しい学級経営の分かれ目。チェックと楽しい活動で乗り切りましょう。

1 ていねいに書けるかな？ ノートチェックをしよう！

4月に教えた基本のノートの書き方が守れているかチェックしてみましょう。このワークシートでは、ノートの基本が詰まっている算数のノートがチェックできるようにつくりました。ノートを美しく丁寧に書く「うっとりノート」と、これが守れていれば学力がつく「できるノート」の2つの項目に分けています。

2 クラスの友だちの名前、全部言えるかな？

学級の友達のことをよく知っている、学級の友達は自分のことをわかってくれている、そういう状態が安心して過ごせる学級と言えるでしょう。河村茂雄教授開発のQ-Uテストでも上記のような質問が取り入れられています。学級によって「好きな遊び」や「好きな色」など質問項目を変えても楽しめます。

3 クラス遊びを考えよう

3年生になって低学年の頃より大人数かつルールも少し複雑な遊びをするようになってくる時期になります。「○○くんがルールを守らない」「仲間に入れてくれない」など遊びでのトラブルも増えてきます。クラス遊びをすることで、遊び方、友達との関わり方、問題の解決の仕方をその場ですぐに指導することができます。

4 係活動の目ひょうを立てよう

高学年では、委員会活動や縦割り班活動などのリーダーを担う機会が増えてきます。中学年のうちにチームで何かを成し遂げる活動をすることで、リーダーとフォロワーの立ち振る舞いを学ぶことができます。ここでは、黒板消しや給食配膳などのしなくてはならない「当番」と分けて、「なくてもいいけれどあると楽しい」ものを「係」と呼んでいます。

5 感想を書こう 〈のうみその話〉

いじめや悪口などをさせないために話して聞かせます。悪口を言われると人間の脳の機能が弱くなること、悪口を言うとノルアドレナリンという毒素が出てくることを話すことで、なぜ悪口を言ってはいけないのか理由を説明することができます。併せて良いことや人の役に立つことをするとエンドルフィンというものが分泌されて、元気になったり幸せな気持ちになったりすることを伝えるのもおすすめです。

〈参考文献〉春山茂雄『脳内革命』サンマーク出版、1995年
TOSSランド／西岡美香「のうみそくんは知っている」https://land.toss-online.com/lesson/abo3nbscm7yupc6h

ていねいに書けるかな？ノートチェックをしよう！

年　　組　　番　名前（　　　　　　　　　　）

☆　できていたら、〇の中を色えんぴつでぬろう！

		レベル★		レベル★★
うっとりノート	〇	1マスに1字使っている。	〇	じょうぎを使って線を引いている。
	〇	日づけを書いている。	〇	勉強のタイトルや教科書のページが書いてある。
	〇	マスの中に文字や数字をさい後までしっかりと書いている。	〇	けずったえんぴつで、こく、くっきりと書いている。
	〇	1行か2行ずつ空けて、ゆったり使っている。	〇	問題や式のさいしょの文字をそろえて書いている。
できるノート	〇	まちがえた問題を消しゴムで消さないでのこしている。	〇	まちがえた問題には、大きくてきれいな×がついている。
	〇	赤えんぴつで、きれいな〇をつけている。	〇	先生から〇をもらっている。
	〇	友だちの答えを写して書いている。	〇	自分でとけなかった問題を、もう1回、自分でとき直している。

〈感想〉

....
....
....
....
....

〈れい〉

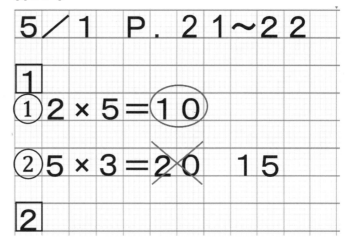

クラスの友だちの名前、全部（ぜんぶ）言えるかな？

年　　組　　番　名前（　　　　　　　　　　　）

〈できていたら、〇の中を色えんぴつでぬろう！〉

	レベル★		レベル★★	
ベーシック	〇	クラスの友だちのフルネームを5人言える。	〇	クラスの友だちのたん生日が3人言える。
	〇	クラスの友だちのフルネームを10人言える。	〇	クラスの友だちのたん生日が5人言える。
	〇	クラスの友だちのフルネームを15人言える。	〇	クラスの友だちのたん生日が10人言える。
	〇	クラスの友だちのフルネームを半分言える。	〇	クラスの友だちのたん生日が半分言える。
	〇	クラスの友だちのフルネームを全員（ぜんいん）言える。	〇	クラスの友だちのたん生日を全員言える。
ハイパー	〇	自分の前後の出せき番号（ばんごう）が言える。	〇	クラスの友だちのすきなきゅう食のメニューが3人言える。
	〇	自分の前後3人の出せき番号が言える。	〇	クラスの友だちのすきなきゅう食のメニューが5人言える。
	〇	自分の前後6人の出せき番号が言える。	〇	クラスの友だちのすきなきゅう食のメニューが10人言える。
	〇	クラスの半分の友だちの出せき番号が言える。	〇	クラスの友だちのすきなきゅう食のメニューが半分言える。
	〇	クラス全員の出せき番号が言える。	〇	クラスの友だちのすきなきゅう食のメニューが全員言える。

〈次（つぎ）までにやること〉

クラス遊びを考えよう

年　　組　　番　名前（　　　　　　　　　）

☆　クラスのみんなで、何をして遊びたいかな。

①日にち

| 　　月　　日（　　）|

②場所

| |

③こんな遊びがいいなと思うものを１つ決めよう。

| |

④どうしてその遊びがいいのですか。

| |

⑤友だちの意見をメモしよう。

| 名前 | 　　名前 |

係活動の目ひょうを立てよう

年　　組　　番　名前（　　　　　　　　　　　　）

☆　クラスのみんなが「なかよく」「楽しく」すごすための活動を
　考えよう。

①係の名前

②係の仕事

③メンバー

⑥１学期の目ひょう

感想を書こう
〈のうみその話〉

年　　　組　　　番　名前（　　　　　　　　　　　　　　　）

◎「へびののうみそ」の話を読んでみよう。

　人間ののうの一番根っこの部分には、ヘビのうとよばれる部分があります。ヘビののうは、食べる・こきゅうをする・はいせつをするなどの生きていく上で大切なことを指じするのうです。その上にネコののうがあります。よろこぶ・おこる・悲しむなどの感じょうののうです。さらに上に、ヒトののうがあります。おぼえる・考える・話すのうです。

　実は、のうみそは人にいじわるをするとどくを出します。このどくはかまれたら死んでしまうこともあるヘビの出すどくの次に強いどくだといわれています。そのどくとは、ノルアドレナリンと言います。いつもいじわるをしているとノルアドレナリンがどんどん出て、病気になったり早く死んでしまったりします。

　反対に、いいことをするとエンドルフィンというものが出て、健康にしてくれます。

出典：春山茂雄「脳内革命」から子供向けに要約

話し合って、感想を書こう。

友だちと話し合ったこと
……………………………………………………………………………………
……………………………………………………………………………………
……………………………………………………………………………………
感想
……………………………………………………………………………………
……………………………………………………………………………………

魔の6月を回避するワーク

3年生 6月

〈6月はこんな時期〉

6月は学校生活にだんだんと慣れて問題行動が起こる時期と同時に、学級の成長に変化が見られる時期でもあります。また学校によっては、個人面談が始まったり、所見を書き始めたりする人も多い時期です。そこで、学級活動を見直すワークや、これまでの学校生活を振り返るワークを入れています。また学級をより良くするために、お楽しみ会も始められるワークも入れています。ワークシートを活用し、学級をより良くし、教師も子供も楽しいクラスをつくっていけたらと考え作りました。

1　2か月をふり返ろう！

このワークシートでは、これまでの2か月間を振り返ることができます。一人一人が、これまでの学習や生活面を振り返ることで、子供は目標や自分自身の考えを整理することができます。

また、児童理解を深めるツールにもなったり、個人面談でお話しする材料にもなったりします。さらに、所見を進める際の材料ともなるので、一石三鳥です。

一方で、学級でうまくいっていない子を発見することもできます。もしいれば、今後注意して子供たちを見守ることができます。

2　「けんさく」して調べてみよう

一人一台端末が入り、社会科や総合的な学習の時間で多く行うのが「調べ学習」です。「調べ学習」で欠かせないのが「ネット検索」です。

NHK for School に非常にわかりやすくまとめられています。その動画を活用しながら、ワークシートに取り組むと、より一層学びが深まります。取り組みやすくするために、「レベル1」と「レベル2」に段階を分けて、楽しく取り組めるようにしました。さらに、どの子も活動ができるように、
①薄い字をなぞらせる
②感想を書く
というシンプルなワークにしました。

3　かい決しよう！　クラスの問題

学級会で使用するために作ったワークです。初めに、今のクラスの「良い点」と「課題点」を子供に考えさせます。そこで終わりにせず、クラスがより良くなるために、クラスのみんなでやってみたいことを書く欄を設けました。出てきた中から、1つやることを決め、お楽しみ会などの次の活動につなげることができます。

4　お楽しみ会を開こう

中学年になってくると、お楽しみ会はただ楽しむものではなく、クラスを良くしていこうとするためのものになり、自然と自主的になってきます。楽しめる遊びを自分たちで考えたり、先生に用意してほしいものを自分たちで考えて進めていくワークシートになっています。

5　感想を書こう〈さい強のルーティーン〉

魔の6月を回避する9月のワークシートでは、スポーツ選手の話を入れています。スポーツ選手が、普段努力していることを知ることで、子供たちにも普段から努力することの大切さを伝えたいと思い、用意したワークです。

〈参考HP〉NHK for School「インターネット検索」

2か月をふり返ろう！

年　　　組　　　番　名前（　　　　　　　　　　）

	学習について	◎○△
1	先生や友だちの話を聞くことができた。	
2	進んで発表できた。	
3	字はていねいに書こうとした。	
4	宿題をわすれずにやった。	
5	友だちときょう力して学習できた。	

	生活について	◎○△
1	あいさつできた。	
2	整理整とんができた。	
3	わすれ物はなかった。	
4	友だちにやさしくできた。	
5	だれとでもなかよく遊ぶことができた。	
6	きまりや約束を守ることができた。	

楽しかったことは何ですか？

「けんさく」 して調べてみよう

年　　組　　番　名前（　　　　　　　　　　　　）

1. うすいじをなぞろう

ポイント１　キーワードけんさく
→キーワードを用意し、組み合わせる。

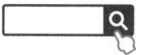

東京の特産品の特徴について調べたい！

キーワード
①東京
②特産品
③特徴

ポイント２　見出しと説明文
→見出しと説明文をよく見る。

ポイント３　しんらい度の高いじょうほうをさがす
→新しいじょうほうを選ぶ。
→しんらいできるところが出したじょうほうを選ぶ。

2. 感想

かい決しよう！ クラスの問題

年　　組　　番　名前（　　　　　　　　　　）

1　今のクラスのよいところや、のびてきているところは？

2　今のクラスのもっとがんばった方がよいところや直した方がよいところは？

もっとすてきなクラスにするために……

3　クラスみんなでやってみたいこと

①

②

③

4　ふり返り

お楽しみ会を開こう

年　　組　　番　名前（　　　　　　　　　　）

めあて（お楽しみ会を開くことによってどのようなクラスになりたいですか？）

みんなで楽しめる遊びを書こう。

先生に用意してほしいもの

決まったこと

ふり返り

感想を書こう！
〈さい強のルーティーン〉

年　　　組　　　番　名前（　　　　　　　　　　　　　）

◎次の文章を読んでみよう。

① 練習は、そんなにすきではないです。なぜならば、だいたい同じことのくり返しだからです。でも手はぬきません。ぜっ対に手はぬきません。なぜならば、もし適当に練習したとします。ど力をしないでし合に勝ちます。そして、よいプレーがたまたまできたとします。だとしても全ぜんうれしくないです。そもそも適当に練習していたら試合にも勝てないですけど。どんなにつらい練習も手を抜かずに全力でど力するからし合で勝つことができます。よいプレーができます。そのようなときに心のそこから喜べるんだと思います。私は、このど力のせいかが出たしゅん間が大すきなんです。

② 私は「練習がつらくてやめたいな」とか、「手をぬいちゃおうかなー」と思うことがあります。しかし、そう思ってもぜっ対に手はぬきません。なぜならば、一回でも練習をさぼったり、手をぬいたりしてしまったとします。すると自分がつらいと思ったときに、いつもにげてしまう人間になってしまうからです。サボりぐせがついてしまう人間になってしまいます。だから、ぜっ対に練習で手をぬきません。私はそっちの方がこわいです。

《参考》小山慶三『イチローの流儀』新潮社、長友佑都『日本男児』ポプラ社、伊藤真『続ける力』幻冬舎新書、『突破論サッカー日本代表を生んだ28の哲学』kkベストセラーズ

お話を読んだ感想を書こう。

3年生 7月 | 夏休みを充実させるワーク

〈7月はこういう時期〉

　7月は夏休みが目前に迫った時期です。夏休みを目前にして子供たちは浮き足立ってしまうことがあります。4月に決めた1学期の目標や1年間の学級目標。その目標に向かって過ごした1学期の自分はどうだったかを振り返りましょう。「できた」「できなかった」ではなく、「なぜできたのか」「できなかったのは何が足りなかったのか」を意識して2学期の新たな目標につなげましょう。2学期の目標を2学期の初めに決める先生も多いですが、1学期の振り返りを基に2学期の目標を考えるので1学期中に決めた方がよいです。これもポイントです。

1　1学期をふり返ろう

　このワークシートでは、わけ〜るシートを利用します。「できたこと」「できなかったこと」だけでなく、2学期に向けて「改善すること」をメタ認知することが大切です。ただ振り返るだけでなく、次につなげていける構成になっています。ただ形式的に書かせるだけでなく、隣の人や班の友達と交流させながら記入することで一体感も生まれます。

2　友だちに「ありがとう」をつたえよう

　このワークシートでは、お魚ボーン図を利用します。1学期を通して感謝を伝えたい友達を決めてお手紙を書きます。1枚のワークシートで4人に書けるようになっています。書けたらハサミで「キリトリ」のところで切って、友達に渡すこともできます。特定の友達にだけ手紙を書くのではなく、クラスのためにがんばっていた人を考えることで思考させることができます。何気なく過ごしている日々は多くの人に支えられていることに気づけるといいですね。

3　夏休みの計画を立てよう

　このワークシートでは、Yチャートを利用します。夏休み中の目標を立てていきます。「生活」「勉強」「楽しみ」の3つの観点から目標を立てるようになっています。一生に一度の思い出をつくってほしいので「楽しみ」の観点も入れています。楽しむことも大切なことです。書けた内容を友達と見せ合って共有することで広がりをつくることもできます。

4　夏休みのルーブリックをつくろう

　このワークシートではルーブリックを作成します。目標を決めて努力していく仕組みになっています。努力の仕方を自分で決めるようになっています。主体的に活動することができます。夏休み中にがんばることを構造化することで思考を整理することができます。3の「夏休みの計画を立てよう」のワークシートと連動させることで、より思考が深まっていきます。

5　感想を書こう〈ノミのジャンプ〉

　ノミは小さな体で、身長の何十倍もの高さまで跳ぶジャンプ力をもっています。コップに入れ蓋をすると、初めは蓋に当たるほどのジャンプをします。しかし、時間がたつと当たらないようになり、蓋を外しても蓋があった高さよりもジャンプしなくなります。このノミをもう一度高くジャンプさせるにはどうすればよいでしょうか。それは、同じコップにもう1匹高くジャンプできるノミをコップに入れることだったそうです。高くジャンプできなかったノミも、高くジャンプできるノミを見ることで、自分自身の力を取り戻すことができたのです。

1学期をふり返ろう

年　　組　　番　名前 (　　　　　　　　　　　　)

1　1学期中に、できたこと、まだできていないことを書こう。

できたこと	まだできていないこと
・	・
なんでできたのだろう	**なんでできなかったのだろう**
・もっとよくしたいこと	・直したいところ
かいぜんすること	
・	

2　2学期にがんばることを3つ書こう。

レベル	がんばること
1	・
2	・
3	・

友だちに「ありがとう」をつたえよう

年　　組　　番　名前（　　　　　　　　　　　　　　　）

１　１学期をふり返って、友だちにつたえたい感しゃの気持ちを考えよう。

※ □ には友だちの名前を書こう。

------------------------------- キ　リ　ト　リ -------------------------------

２　クラスのためにがんばっていた友だちを書こう。

○勉強のことで

○生活のことで

夏休みの計画を立てよう

年　　組　　番　名前（　　　　　　　　　　　　　）

1　夏休みの計画を立てよう。

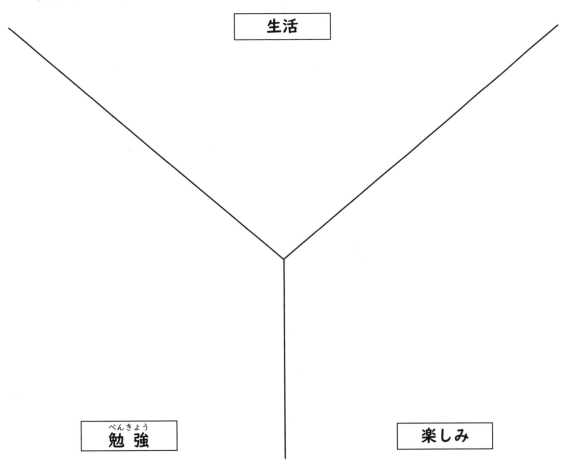

2　夏休み明けにできるようになっていたいこと。

・勉強では、
・生活では、
・楽しみでは、

夏休みのルーブリックをつくろう

年　　組　　番　名前（　　　　　　　　　　　　）

１　夏休みにがんばりたいことを考えよう。

○勉強_{べんきょう}のこと

○生活のこと（生活しゅうかんやお手伝いなど）

２　がんばりたいことを下の表に書きこもう。ほかにがんばりたいことも書こう。

※できたものを〇でかこもう↑

年　　　組　　　番　名前（　　　　　　　　　　　　　　）

◎次の文章を読んでみよう。

ノミは小さな体で、身長の何十倍ものジャンプ力をもっています。コップに入れてふたをすると、はじめはふたに当たるほどのジャンプをします。しかし、時間がたつと当たらないようになり、ふたを外してもふたがあった高さよりもジャンプしなくなります。

このノミをもう一度高くジャンプさせるにはどうすればよいでしょうか。それは、同じコップにもう一匹高くジャンプできるノミを入れることだったそうです。高くジャンプできなかったノミも、高くジャンプできるノミを見ることで、自分自身の力を取りもどすことができたのです。

出典　小沼大地「日本の組織と働く人たちのような、跳べなくなるノミの実験」ダイヤモンド・オンライン、二〇一六年　から要約

話し合って、感想を書こう。

友だちと話し合ったこと

……………………………………………………………………………

……………………………………………………………………………

感想

……………………………………………………………………………

……………………………………………………………………………

3年生 9月 2学期スタートダッシュワーク

〈9月はこんな時期〉

9月は学校生活をもう一度思い出す時期です。夏休みの間に友達との関わり方や学校での過ごし方を忘れて、緊張をしている児童が多いです。そこで友達との関係を見直すワークや、基本的な生活について考えるワークを入れています。また行事での成功を目指して目標をもつことによって生活にやる気が出たり、成長を意識したりすることができることを大切にしたいです。

1 PCのたつ人になろう! Jamboardで発表しよう!

このワークシートでは、相手に伝える良さを感じることできます。一人一台端末を使ってより手軽に、より自由に発表できることで、楽しく活動できるパーツになっています。また児童は1回操作方法を経験すると、すぐに覚えて自分たちから自由に発表することができるようになります。そこでJamboardで画像を入れたり、付箋を貼ったりする基本的な操作を経験できるようにし、児童が自分でQRコードを読み取り、作り方を動画で確認することができるようになっています。

2 友だちとの思い出は何ですか

友達との思い出を見つける活動をしながら楽しさを思い出したり、感謝の気持ちを伝えたりすることで、友達と関わる良さを改めて感じるワークシートになっています。伝え方を選択することで児童自身が主体的に伝えることができます。

また思い出を3つ思い出す場面では、クラスみんなで1つのJamboardに入って、付箋を書いていく活動も効果的です。友達の意見を同時進行で見ながら活動でき、付箋の量からクラスの仲の良さを感じることもできます。

3 夏休みの学びをまとめよう

夏休みに経験したことを思い出し、そこから学んだことを意識できるワークシートになっています。また最後にはそれを学校生活にどう生かすかを考えるようになっており、夏休みの思い出と学校生活をつなぐことができます。目標を決めて、努力していくことで生活リズムを取り戻すことにもつながっていきます。

4 運動会でがんばることを決めよう

最初に運動会でがんばりたいことを友達と共有しながら考え、最後は自分でルーブリックを作るワークシートになっています。学校生活をもう一度始めるこの時期に行事に向けて目標や見通しをもって生活することが、安定した生活につながっていきます。ルーブリックでは自分で目標を決め、自身でチェックすることで、より主体的に生活することができるようになります。

5 感想を書こう 〈きほんの大切さ〉

学校生活を思い出す9月のワークシートでは「基本の大切さ」の話を入れてあります。普段していることに気持ちと意識を向けて、丁寧に行っていくことが成長へとつながっていくことを実感してほしいと思います。

〈参考文献〉田村学・黒上晴夫『思考ツールの授業』小学館、2013年

PCのたつ人になろう！
Jamboardで発表しよう！

年　　組　　番　名前（　　　　　　　　　　）

1　つたえたいこと（すきなもの）と、その理由を考えよう。

①
（理由）
②
（理由）
③
（理由）

2　Jamboardでつたえよう！

① Jamboardを開いてみよう。
② Google画ぞうけんさくで、つたえたいものの写真をはってみよう。
③インターネットのスクリーンショットをとって、つたえたいものの写真をはってみよう。
④ふせんでせつ明を入れてみよう。
⑤２ページ目も作ってみよう。

ここから作り方動画が
見られるよ！
▼

友だちとの思い出は何ですか

年　　組　　番　名前（　　　　　　　　　　　　　　）

1　友だちとの楽しかった思い出を3つ、思い出そう！

①
②
③

2　それぞれの友だちにつたえたいメッセージ（ありがとう）を考えよう！

①	（メッセージ）
②	（メッセージ）
③	（メッセージ）

3　メッセージをつたえる方ほうを考えよう！

手紙を書く	
プレゼントを作る	
そのほか（　　　　　　　　　　　　　　　　）	

※えらんだものに〇をつけましょう↑

夏休みの学びをまとめよう

年　　　組　　　番　名前（　　　　　　　　　　　　　）

I　夏休みにしたことや、がんばったことを書こう！
その横（よこ）に、勉強（べんきょう）になったことを書こう！

れい　水泳（すいえい）大会に出ました。	➡	こつこつがんばると、タイムがのびることがわかりました。
①	➡	
②	➡	
③	➡	
④	➡	
⑤	➡	

2　学校の中でも、生かせることをえらぼう！

①	
②	

運動会でがんばることを決めよう

年　　　組　　　番　名前（　　　　　　　　　　　）

1 「がんばりたいこと」を、友だちと話し合いながら見つけよう！

れい：体を大きく動かして、ダンスをおどりたい。

※ 一番「がんばりたい」ことを、かこんでおこう。

2 運動会ルーブリックを作ろう。

目ひょうにとどくまでに、一番にできそうなことは「レベル１」、
次にできそうなことは「レベル２」……と書いていきましょう。

レベル１		○
レベル２		○
レベル３		○
レベル４		○
レベル５		○

感想を書こう
〈きほんの大切さ〉

年　　　組　　　番　名前（　　　　　　　　　　）

◎「きほんの大切さ」を読んでみよう。

「宝塚音楽学校」を知っていますか。日本で昔からあいされている「宝塚歌劇団」のぶたいに出たい人たちが勉強する学校です。ふつうの学校とはちがうところが多くあります。

①この学校では、朝ごはんを食べる前にそうじをします。まどはどのくらいきれいにすると思いますか。はとがまどに気づかずにぶつかってくるくらい、きれいにしています。

②ろう下はしっこを歩きます。まん中は人とすれちがえるようにかならずあけておくのです。

③自分の部屋でもしずかにすごします。他の人のことも考えてすごすのです。

④大きな声で、はきはきとあいさつをします。あいさつをされた人の気持ちを考えて、大切にしています。

これは「宝塚音楽学校」のせいとだけがそうしているのでしょうか。そんなことはありません。一流の野球せん手も、サッカーせん手も同じです。どの仕事でも同じです。「きほん」を大切にしているから、さい高の活やくができるのだそうです。

出典　都あきこ『宝塚歌劇100周年 ファンも知らない!? タカラジェンヌのすべて』三栄書房、二〇一四年 から要約

お話を読んだ感想を書こう。

3年生 10月	学級がさらにまとまるワーク

〈10月はこんな時期〉

　2学期も1か月がたち、中だるみの時期です。学級の中でトラブルが頻発したり、なんとなくクラスがまとまらないなあと感じたりします。また、いじめの対策も欠かせません。

　こんな時期だからこそクラスでイベントをすると盛り上がります。「百人一首大会」や「ハロウィンパーティー」など自分たちで企画、実行、振り返りができるワークシートです。また、いじめ防止に向けて「わたしのいもうと」を読み、感想を書くワークシートもあります。読み聞かせるだけで子供の心に響くことでしょう。「いじめは絶対に許さない」という教師の語りを付け加えてもいいかもしれません。

1　百人一首大会でもり上がろう！

　学級内百人一首大会を企画するワークシートです。自分の目標や結果を記入する欄もあります。自分たちでイベントを企画する力を育てます。

2　係活動をはやらせよう

　係活動を活性化させるためのワークシートです。2学期の初めに新しい係を決めて、係カードを書いたあと、活動が停滞することがよくあります。そうならないために「いつ」「だれが」「どんなこと」をするのかを明確にします。教師が係活動の時間を確保させてあげることも大切になってくるでしょう。

3　ハロウィンパーティーを開こう

　ハロウィンパーティーを企画するためのワークシートです。実施後の感想を書き、振り返ることもできます。

4　ふり返ろう、クラスのこと

　クラスの様子を項目ごとに振り返り、できているところに色を塗ります。最後にクラスのために自分がしがんばりたいことを記入します。

5　感想を書こう〈『わたしのいもうと』〉

　『わたしのいもうと』という絵本を聞き、感想を書きます。力のある教材ですから、教師は読み聞かせるだけで良いです。いじめをした人はほとんどが「ふざけてやった」「冗談のつもりだった」「いじめているつもりはなかった」と言います。しかしいじめられた人は話すことができなくなり、朝食を食べられなくなり、息が苦しくて死んでしまうこともあるのです。自分のクラスにはいじめはないか、もう一度振り返る時間をとってもよいでしょう。

〈参考文献〉松谷みよ子 文、味戸ケイコ 絵『わたしのいもうと』偕成社、1987年

百人一首大会でもり上がろう！

年　　組　　番　名前（　　　　　　　　　　　　　）

1　計画を立てよう。

①目てき　（　　　　　　　　　　　　　　　　　　　）

②日時　　　　　　月　　　日（　　　）　　　　校時

③場所　（　　　　　　　　　　　　　　　　　　　）

④じゅんびする物　（　　　　　　　　　　　　　　　）

⑤役わり分たん

⑥プログラム

2　自分の目ひょうを書こう。

3　百人一首大会のけっかを書こう。

4　感想を書こう。

係活動をはやらせよう

年　　組　　番 名前（　　　　　　　　　　　）

1　係の名前

　　　　　　　　　　　　　　　　　　　係

2　2学期にした活動を書こう。

3　これからしたいことを書こう。

ハロウィンパーティーを開こう

年　　組　　番 名前 (　　　　　　　　　　　　　)

１　計画を立てよう。

①目てき　(　　　　　　　　　　　　　　　　　)

②日時　　　　　月　　　日 (　　　) 　　　校時

③場所　(　　　　　　　　　　　　　　　　　　)

④じゅんびする物　(　　　　　　　　　　　　　)

⑤役わり分たん

⑥プログラム

２　やってみた感想を書こう。

ふり返ろう、クラスのこと

年　　組　　番　名前 (　　　　　　　　　　　)

1　クラスでできているところの〇に色をぬろう。

〇	あいさつができている。
〇	たくさんの人が発表している。
〇	先生や友だちの話をしっかり聞いている。
〇	男女なかよく遊んでいる。
〇	外に出て遊ぶ人が多い。
〇	時間内にきゅう食のかたづけができている。
〇	時間いっぱいそうじができている。
〇	全員が当番活動をきちんとできている。
〇	くつ箱のくつがきちんとそろっている。

2　自分がクラスのためにがんばりたいことを書こう。

感想を書こう
〈『わたしのいもうと』〉

年 ___ 組 ___ 番 名前（ ___ ）

◎次のお話を聞こう。

あらすじ：新しい町へ引っこし、新しい学校に通い始め
た小学校4年生の妹。そこで、言葉がおかしいとわらわ
れ、とび箱ができないといじめられ、クラスの子たちか
らむしされるように。遠足でも一人ぼっち。やがて妹は、
学校へ行かなくなり、ご飯も食べず、口もきかず、部屋
にとじこもるようになり……。

感想を書こう。

3年生 11月 魔の11月を回避するワーク

〈11月もトラブルが起きやすい時期〉

　11月は、1年間の半分が過ぎ、学校生活を振り返る月です。行事やこれまでの生活での学びを表すワークシートになっています。また、健康に関するワークシートもあります。

1　学習発表会の目ひょうを立てよう

　自分の目標を立て、努力したいこと、がんばりたいことを明確にします。また、レベルを1〜4まで設け、9日間振り返ることができるようになっています。なお、レベル4は自分でレベルの内容を設定します。学級によっては、みんなで1つのことを決めてもよいでしょう。

2　そうじの仕方をふり返ろう

　そうじの仕方を振り返るワークシートです。1〜6までの項目で振り返ります。なお、6番目は自分で内容を設定します。今後につなげられるよう、振り返り後がんばりたいことを記入するようにしています。

3　こんなメニューがあったらいいな！

　夢の給食メニューを考えます。給食献立表を見ながら、主食、主菜などを書き入れるワークシートです。書き込んだ後は、学級の子供たち同士で見せ合うと盛り上がるでしょう。

4　できているかな？　けんこうな生活

　3年生から保健領域の学習が始まります。1日の生活を振り返ることができるワークシートです。なお、6番目は自分で内容を設定します。今後につなげられるよう、振り返り後がんばりたいことを記入するようにしています。

5　感想を書こう〈『もったいないばあさんのてんごくとじごくのはなし』〉

　天国と地獄のお話を聞いて、感想を書くワークシートです。

〈参考文献〉真珠まりこ『もったいないばあさんのてんごくとじごくのはなし』講談社、2014年

学習発表会の目ひょうを立てよう
（がくしゅうはっぴょう）

年　　組　　番　名前 (　　　　　　　　　　　)

1　学習発表会の自分の目ひょう

2　日にちを書いて、自分がよくできていると思ったら◎、できていたら○、 もう少しなら△を書こう。

	日にち	/	/	/	/	/	/	/	/	/
レベル1	自分のせりふなどを おぼえた。									
レベル2	どうどうと表げん（ひょう） できた									
レベル3	自分でくふうして 表げんできた									
レベル4	（自分で考えよう）									

そうじの仕方をふり返ろう

年　　　組　　　番　名前（　　　　　　　　　　　　　　）

1　自分がよくできていると思ったら◎、できていたら〇、
　　もう少しなら△を書こう。

	月		日

	◎〇△
①そうじの仕方がわからないとき、友だちや先生に聞きに行きましたか？	
②ていねいにそうじ道具を使いましたか？	
③そうじの仕方をくふうしましたか？	
④そうじの仕方がわからない人などに教えたりはげましたりしましたか？	
⑤かたづけなどを終わりまでやりましたか？	
⑥　　　　　　　　　　　　　　　　　　　　　（自分で考えてみよう）	

2　これからがんばりたいと思うものを、1〜6の中から1つだけえらぼう。

46

こんなメニューがあったらいいな！

年　　　組　　　番　名前（　　　　　　　　　　　　）

1　きゅう食のこん立を作ってみよう。
　　　きゅう食こん立表（ひょう）を見ながら、書きこんでみよう。

主食（しゅしょく） ごはん（米）やパン、 めんなど	主さい（しゅよう） 肉や魚など、主要なおかず	ふくさい 野さい、きのこなどの おかず
牛にゅう	くだもの	その他（た） デザートなど

2　バランスがとれているかな？　友だちのメニューとくらべてみよう。

できているかな？ けんこうな生活

年　　組　　番　名前（　　　　　　　　　　　）

1　自分がよくできていると思ったら◎、できていたら〇、もう少しなら△を書こう。

<table>
<tr><td></td><td>月</td><td></td><td>日</td></tr>
</table>

	◎ 〇 △
①毎日だいたい同じ時こくに起きていますか？	
②朝ごはんを毎日食べていますか？	
③休み時間は、外で遊びましたか？	
④外から室内に入るときは、手洗い・うがいをしていますか？	
⑤毎日だいたい同じ時こくにねていますか？	
⑥ （自分で考えてみよう）	

2　これからがんばりたいと思うものを、1〜6の中から1つだけえらぼう。

感想を書こう
〈『もったいないばあさんのてんごくとじごくのはなし』〉

年　　組　　番　名前（　　　　　　　　　　　）

◎お話を読んでみよう。

天国とじごくのお話

どちらでも、自分のうでより長いスプーンを一人ひとりにわたされ、スープをのまなければなりません。スプーンが長いので、自分ではスープを飲むことができません。

じごくでは、うばい合いがおこります。あらそい合っているうちに、すべてゆかにこぼれてしまうそうです。どうすれば、スープをのむことができるのでしょうか?

一方天国では、「どうぞ」とおたがいに声をかけ合って、それぞれが長いスプーンでスープをすくい、「どうぞ」と言って相手にのませ合っているのです。みんながなかよくこぼさずうまく食べることができます。

あなたなら、どのようにスープを食べたいですか。それはなぜですか。　感想を書きましょう。

参考、真珠まりこ作・絵『もったいないばあさんのてんごくとじごくのはなし』講談社、二〇一四年　から要約

お話を読んだ感想を書こう。

<table>
<tr><td>3年生
12月</td><td># 冬休みを充実させるワーク</td></tr>
</table>

〈12月はこういう時期〉

1年間の2／3が過ぎ、しかも、その年の最後の月となる12月。教師も子供も、良い年を送り、新しい年を迎えたいという気持が強くなります。その時に、子供が素直に自分を見つめることができたり、成長した実感や成功した充実感を味わったりすることがポイントとなります。

1　2学期をふり返ろう

子供が素直に自分を見つめる10の観点として、小学校児童指導要録の行動の評価を参考にしました。基本的な生活習慣、健康・体力の向上、自主・自立、責任感、創意工夫、思いやり・協力、生命尊重・自然愛護、勤労・奉仕、公正・公平、公共心・公徳心です。

その項目の中で、子供が自分自身の良さや可能性に気づけるよう、具体的な言葉で選択できるようにしました。さらに選んだ良いところを基に作文を書くことで、自分の良さを改めて知る場を設けました。

2　冬休みの目ひょうを立てよう

冬休みは、クリスマスやお正月などの行事があり、だらだらした生活になったり、生活が乱れがちになったりします。そのために、目標を持たせ、その目標のために具体的な毎日することを考えさせます。これは、お家の人と相談しても良いでしょう。そして、起きる時間、寝る時間などの必要最低限の予定を書き込める「1日の予定表」を取り入れて、規則正しい生活が送れるように配慮しました。

3　冬休みのルーブリックをつくろう

冬休みに子供がルーブリックを作るとすると、ルーブリックの簡単な説明が必要となります。そして、その説明に沿って、自分でルーブリックをつくり、自分の成長を感じることができたらすばらしいです。その際、規則正しい生活とお年玉等で入手したお金の2つを例示します。この2つも単なる例示ではなく、冬休みのルーブリックとして、取り組んでもらいたいという思いを込めています。

4　クリスマスパーティーを開こう

家族でクリスマスパーティを開く時に、子供が「私が計画を立ててする」と言ったら、どんな反応を見せるでしょう。おそらく保護者は、「えーっ！」と驚かれて、嬉しい気持になるでしょう。そんな夢のあるクリスマスパーティーを計画し、実践することで、子供の自己有用感が高まります。そのためには、おさえておかなければならないポイントがあり、ワークシートで落ちのないように計画し、準備をする必要があります。

5　江戸しぐさを見て感想を書こう

相手のことを考えている「江戸しぐさ」。その中から3年生には、「傘かしげ」と「肩引き」の絵を見せて考えさせたいと思います。冬休みですので、親子で考えてから、調べて、感想を書くというワークシートにしています。おうちの人からのコメントで、子供の笑顔が増えると、冬休みの充実につながります。家族の協力を得たい取り組みです。

2学期をふり返ろう

年　　　組　　　番　名前（　　　　　　　　　　　　　）

1　自分のよいところを〇でかこんでみよう！（友だちに聞いてもいいよ）

あいさつ　言葉づかい　身だしなみ　手あらい　たい度　早起き はやね　ロッカーの整とん　時間　ノートの使い方　まじめ
表じょう　せっきょくてき　外遊び　運動　体力　すいみん きゅう食　体調かん理
自主てき　よさを発き　自分ではんだん　目ひょう　けいぞく がまん　あきらめない　ちょうせん　か題意しき　リーダー　どりょく
決めたことを守る　やくそく　じゅんび　かたづけ　そうじ やりとげる　言いわけしない
ノートのくふう　アイデア　こうき心　きょう味かん心　のうりつてき 多面てきな見方　こせいてき　じゅうなんな考え
相手の気持ちを考える　相手の立場に立つ　なかよし　やさしい いっしょに遊ぶ　てい学年と遊ぶ　相談にのる　広い心　力を合わせる
世話　命を大切に思う　相手を大切にする　動物がすき　植物がすき きせつのへん化に気づく
係　当番　きゅう食の用意　ボランティア　自分の役わり あせをかいてはたらく　草取り
「いけない」と言える　「やめて」と言える　りょう心　正しさ れいせいなはんだん　人の気持ちを考える
ごみ拾い　みんなで使う物を大事に　みんなで使う場所はきれいに みんなにめいわくをかけない　学級のルール　学校のきまり

2　〇をつけたよいところを生かして、自分の「よいところ作文」を書こう！

....
....

冬休みの目ひょうを立てよう

年　　組　　番 名前（　　　　　　　　　　　　）

冬休みの目ひょう

毎日すること

1日の予定

起きる時こく、学習時間、手つだいの時間、ねる時こくなどを決めて書こう。

```
        0

18              6

        12
```

冬休みのルーブリックをつくろう

年　　組　　番　名前（　　　　　　　　　　　　　　）

　ルーブリックとは、自分で決めたことが、どこまでできたかを表にしたものです。

　下の表の決めたこと　　　　　　に、自分がしたいことを考えて書き、それがよりよくなるためにはどうなったらよいのかを書きこんでみよう。
（決めたことの上２つをさん考にしてみよう。）

右に行くほどレベルアップします。

決めたこと	レベル１	レベル２	レベル３	レベル４	レベル５
きそく正しい生活	起きる時こく	＋ねる時こく	＋学習時間	＋手つだい時間	＋運動時間
お金を大切にする	さいふやちょ金箱に入れている		家計ぼ（もらった、使ったなど）をつけている		あずけるなどをしている

クリスマスパーティーを開こう

年　　組　　番　名前（　　　　　　　　　　　　）

①目てき

②日時

③場所

④じゅんびの分たん

⑤プログラムと予定時間

⑥会場図

⑦ゲームや遊びのルール

⑧その他

次の４つは、家の人にだいじょうぶかどうか、たしかめよう。

・計画にお金がかかってもよいか。

・計画で、あぶないことはないか。

・予定した日にちと時間にパーティーをすることはできるか。

・パーティーにさんかする人は、だれにするか。

江戸しぐさを見て感想を書こう

年　　組　　番　名前（　　　　　　　　　　）

問題：おうちの人と、下の絵（「江戸しぐさ」という）を見て、何をしているのかを当てよう。（答えは、インターネットで「江戸しぐさ」を調べてみよう）

①

．．．．．．．．．．．．．．．．．．．．．．．．．．．．

．．．．．．．．．．．．．．．．．．．．．．．．．．．．

．．．．．．．．．．．．．．．．．．．．．．．．．．．．

．．．．．．．．．．．．．．．．．．．．．．．．．．．．

．．．．．．．．．．．．．．．．．．．．．．．．．．．．

②

．．．．．．．．．．．．．．．．．．．．．．．．．．．．

．．．．．．．．．．．．．．．．．．．．．．．．．．．．

．．．．．．．．．．．．．．．．．．．．．．．．．．．．

．．．．．．．．．．．．．．．．．．．．．．．．．．．．

①②を見て、調べた感想を書こう。

家の人から

3学期ラストスタートワーク

3年生 1月

〈1月はこんな時期〉

1月はその学年の終わりが見えてくる時期です。楽しかったクラスのメンバーともお別れになることを意識し、より友達を大切にして過ごしてほしいです。また「できたこと」や「できなかった」ことをはっきり意識し、目標を立てることも重要となってくる時期です。学びをまとめたり、できるようになったことを伝えたり、足りないものに目を向けたりを繰り返し、次の学年に向けて大きく成長するきっかけにしていきたいです。

1 3年生、ラストラン計画！

このワークシートではまず、メリットデメリットチャートを利用して、「できたこと」「できなかったこと」を見つけることを大切にしています。自分の成長も感じると同時に、足りなかったことを確認し、新たな目標を設定することができます。できそうなものから取り組ませることによって達成感や自信をもちやすい仕組みになっています。

2 さい後のルーブリックをつくろう！

このワークシートではルーブリックのつくり方もレベルアップしています。その目標に応じてちょっとずつスモールステップで努力していく仕組みになっています。努力の仕方も自分で決めることができるため、より主体的に活動することができます。クラスの課題を見つける場面ではJamboardで共同作業であげていけば、自分は感じていなかったクラスに足りないところも友達の意見を目にする中で学ぶことができます。

3 つたえよう、できるようになったこと！

このワークシートのポイントはできるだけたくさんできるようになったことをまとめるところです。前向きに良かったこと、がんばったことをたくさん思い出してほしいです。友達とも一緒に活動することでお互いに明るく活動することもできます。

JamboardやPadletを活用してできるようになったことをあげるのもとても効果的です。友達の考えも同時進行で確認しながら、活動することができます。

4 冬休みの学びをまとめよう

冬休みに経験したことを思い出し、そこから学んだことを意識できるワークシートになっています。また最後にはそれを学校生活にどう生かすかを考えることができるようになっており、冬休みの思い出と学校生活をつなぐ役割ができるようになっています。生活リズムを取り戻すことにもつながっていきます。

5 感想を書こう〈「ネットいぞん」について〉

冬休みにお年玉でゲームなどを買ったり、もらったりする児童が多い1月のワークシートでは、「ネット依存」の話を入れてあります。どんな不利益なことがふりかかるのか読んだり感想を書いたりすることで、ただ漠然と良くないと思うのではなく、どんなふうに良くないのか明確にすることができます。

〈参考文献〉田村学・黒上晴夫『思考ツールの授業』小学館、2013年

3年生、ラストラン計画！

年　　組　　番 名前 (　　　　　　　　　　　　　　)

I　3年生になってできたこと、まだできていないことを書こう。

できたこと	まだできていないこと

2　3年生が終わるまでに、がんばることを3つ書こう。
　（一番かんたんにできそうなことから書きます。）

レベル	がんばること	チェック
I		✓
2		✓
3		✓

※できたものにチェックをしよう↑

さい後のルーブリックをつくろう！

年　　　組　　番　名前 (　　　　　　　　　　　)

1　クラスのみんなと話し合って、直したいことや、もっと
　　がんばりたいことを考えよう。

○勉強のこと

○生活のこと

2　さい後のルーブリックをつくろう。
　　（下にいくほど、レベルを上げていこう）

レベル	（れい） 発表する	(　　　　　　　　)	(　　　　　　　　)
1	1日に3回 発表する		
2	1日に5回 発表する		
3	1日に 7回いじょう 発表する		

※できたものを〇でかこみましょう↑

つたえよう、できるようになったこと！

年　　組　　番　名前（　　　　　　　　　　　）

1　みんなと話し合って、できるようになったことをたくさん書こう。

↓

2　その中から「つたえたい」ことを１つ決めよう。

3　つたえる方ほうを考えよう！

画用紙に絵をかく	
できたこと新聞を作る	
Jamboard を使う	
その他（　　　　　　　　　　　）	

※えらんだものに〇をつけよう↑

冬休みの学びをまとめよう

年　　組　　番　名前（　　　　　　　　　　　）

1　休み中にしたことや、がんばったことを書いてみよう！
　その横に、べんきょうになったことを書いてみよう！

れい	書きぞめに ちょうせんしました。	➡	落ち着いてゆっくり書くと、きれいな 字を書けることがわかりました。
①		➡	
②		➡	
③		➡	
④		➡	

2　学びを生かして、どんなことをしてみたいですか。

	やりたいこと		たっせい目ひょう
①		➡	
②		➡	
③		➡	

感想を書こう
〈「ネットいぞん」について〉

年　　組　　番　名前（　　　　　　　　　　　）

◎「ネットいぞん」について読もう。

おうちでインターネットを通じて、ゲームをしたり動画を見たりしたことがありますか。楽しい時間ですが、あまり長い時間使っていると「ネット依存症（いぞんしょう）」となり、さまざまな問題（もんだい）が起きてきます。どんな問題があると思いますか。

①ネットを止めれなくなってしまい、ねぶ足（そく）になります。

②そのため、勉強（べんきょう）したことが頭にのこらなくなり、集中力（しゅうちゅうりょく）もなくなってしまいます。

③体がだるくなって、外で遊（あそ）んだり、運動（うんどう）したりしてもすぐにつかれてしまいます。

④ひまになった時にすぐにネットを使いたくなり、ネットをする時間がどんどん長くなってきます。

⑤ねる前にネットのブルーライトをあびることで、さらにすいみんのバランスがくずれてしまいます。

（ねる90分前からは見ないようにしましょう。）

このように「ネット依存症」は心と体のバランスをくずしてしまいます。

お話を読んだ感想を書こう。

3年生 2月 学級の結びつきを高めるワーク

〈2月はこういう時期〉

2月になると、高学年の仲間入りをする意識が高まります。自分のことだけでなく、下学年のために動こうという思いが芽生えるチャンスです。学級での結びつきを高めることで、動きは活発になるでしょう。4年生での良いスタートを切るために、「凡事徹底」を確認しておくことをおすすめします。

1　6年生を送る会について考えよう

6年生に伝えたい思いをみんなで出し合いましょう。また、思いを伝えるために、どんな方法があるかを出し合いましょう。自分たちでつくり上げる経験が、高学年になる自覚を高めることにつながります。

[意見を集約する Google Jamboard]
　自由に付箋を動かすことができるので、グルーピングがしやすいです。

2　クラスの良さを見つめよう

1年間過ごしてきたクラスの良さを見つけましょう。どんなことを経験して、どんなことが成長したでしょうか。「Google Forms」を使うと簡単に集約することができます。さらに、「AI テキストマイニング」を使えば、子供たちの意見で多かったものを抽出することができます。

3　せつ分パーティーを計画しよう

「鬼は外、福は内」。節分は自分を見つめ直すチャンスです！　イベントにすることで、楽しく自分の行動を振り返ることができます。計画を立てる力も高めることができます。

4　みんなで思い出づくりをしよう

このクラスで過ごすのもあと2か月。楽しい思い出づくりをしましょう。できるようになったことを発表し合う、これまでにしたことがないことを計画する、1年間を動画にまとめるなど、いろんなことが考えられます。

5　感想を書こう〈「ぼんじてってい」って、なに？〉

一流の人ほど、「当たり前」のことに丁寧に取り組みます。イエローハットの社長、鍵山秀三郎さんは、トイレ掃除にこだわることをきっかけに会社の立て直しに成功しました。「凡事徹底」のエピソードを基に自分たちの様子について話し合い、日々の生活に生かすことができます。

6年生を送る会について考えよう

年　　組　　番　名前（　　　　　　　　　　　）

1　6年生につたえたい思いを書き出してみよう！

（れい）いつも委員会をがんばってくれてありがとう。

・

・

決まったテーマ：

2　思いをつたえる方ほうを考えてみよう！

（れい）6年間の思い出クイズで、してもらったことをふり返る。

・

・

決まった方ほう：

3　ひつような物・役わりを書き出してみよう！

物	役わり
（れい）だんボール	（れい）クイズづくり係

クラスの良さを見つめよう

年　　組　　番 名前（　　　　　　　　　　）

1　あなたは、どんなことができるようになりましたか。

（れい）とび箱3だんがとべるようになった。

-
-
-

2　このクラスは、どんなところがせい長したと思いますか。

（れい）切りかえが早くなった。

-
-
-

みんなはどんなところがせい長したと言っていたかな？

3　4年生に向けて、がんばりたいことを決めよう！

（れい）「チャイムの1分前にはすわる」を心がけたい。

-
-

64

せつ分パーティーを計画しよう

年　　　組　　　番　名前（　　　　　　　　　　　　　　　）

せつ分「みんながけんこうで幸せですごせますように」
という意味をこめて、悪いものを追い出す日。「おには
外、福は内」と言いながら豆まきをします。

せつ分について
NHK for school

1　自分の中から追い出したい「おに」を書き出してみよう！

（れい）サボりおに（宿題をサボってしまうおに）

- ・
- ・
- ・

2　自分の中によびこみたい「福」を考えてみよう！

（れい）コツコツさん（コツコツど力できる福）

- ・
- ・
- ・

3　追い出したい「おに」・よびこみたい「福」をキャラクターにしてみよう！

「おに」と「福」、どちらかをえらんで、絵をかいてみよう。
どんな名前で、どんなとくちょうがあるのかも書いてみよう！

みんなで思い出づくりをしよう

年　　組　　番　名前（　　　　　　　　　　　　）

1　どんな思い出をつくりたいですか。

（れい）できるようになったことを発表し合う。

- ・
- ・
- ・

決まったこと：

2　決まったことを行うためには、どんなじゅんびがひつようですか。

物	役わり
（れい）だんボール	（れい）かざりつけ係

3　自分にできることは何ですか。

（れい）プログラムを作る。

- ・
- ・

感想を書こう
〈「ぼんじてってい」って、なに？〉

年　　組　　番　名前（　　　　　　　　　　　　　　）

◎ 『凡事徹底』を読もう。

すばらしい人間になるために、とくべつなことはひつようありません。

「当たり前のことをてっていして行う」

このことこそが大きな力を生み出してくれるのです。

これは、やればだれにでもかんたんにできることをてっていして、その中でさをつけるという考え方です。

ところが、「かんたんなこと」というと、「そんなことをやっていたって意味がない。そんなことをやっていてはすばらしい人間になれるはずがない。ライバルに負けてしまう。」と、いうふうに思って、バカにしたり、てきとうに考えたりしてしまう人が多いです。

しかし、そう思っていること自体が自分の人生を大切にしないことにつながって、十年たっても、二十年たっても、本当の意味でのせい長・せいこうにはつながらないのです。

人のためになる一番いい方ほうとして、そうじがおすすめです。そのそうじも、いつも同じ時間をかけて、同じはんいだけをやっているようではダメです。同じ場所なら、時間が短くなるようにくふうしなければなりません。このように、「当たり前のことをてっていして行う」と、どんどんこうりつがよくなります。さらに、ほかのことにもちょうせんしていくことで、人間としてせい長することができるのです。

出典　鍵山秀三郎『凡事徹底』より要約

感想を書こう。

3年生 3月 素敵に1年をしめくくるワーク

〈4年生になることを見据えて〉

3年生くらいの子供には、「10歳の壁」という障壁があるといわれています。心身の発達や生活面の変化が生じます。個人差が大きく見えてくるようになるのです。生活面では、女子の心身の成長が著しく、身体の変化だけではなく、女子同士のトラブルも増えてきます。そういう特性を知って対応していく必要があります。

1　ルーブリックを見てふり返ろう

3月は1年間のまとめの時期であり、次の学年に向けての準備の時期です。4月に書いたルーブリックをもう一度書き、自分の行動を振り返ります。また行動目標をもった状態で次の学年を迎えるために、次の学年のルーブリックを作っておきます。そして、レベルを1〜5まで設け、自分のレベルを確かめる形で、振り返ることができるようになっています。

2　おわかれパーティーを開こう

おわかれパーティーを行うためには、目てき、企画書、振り返りが必要です。これらがなければ、学びが充実しません。企画書のイメージがないと、子供は書くことができません。ですので、企画書の例を示し、参考にできる形にしてあります。たった1枚のワークシートを見ただけでお別れパーティーの全体像が分かり、見通しが持てます。

3　自分の「いいところ」見つけをしよう

自分の良いところを自分で考えるだけでなく、友達や先生に聞きます。このことにより、自分の良いところが分からない子でも、自分では気づけなかった良いところに気づけ、自分の自信につながります。

4　3年生になって、ぼうけんしたことを書こう

冒険（＝挑戦）することで、今までできなかったことができるようになったり、新たな学びを得たりします。何を書くか思い浮かばない子のために、書く項目について選択肢を示しています。また、学びをとめず、より一層学びを深めるためにも、4年生になって冒険することについて書きます。

5　しょう来の「ゆめ」を考えよう

山中伸弥先生のエピソードから、自分の夢について考えます。「夢」というと、なかなか浮かばない子もいますので、「ゆめ＝やってみたいこと」と表記したことで、より考えやすくしています。

ルーブリックを見てふり返ろう

年　　組　　番　名前（　　　　　　　　　　　　　）

1　4月に書いたルーブリックをもう一度書き、チェックをつけてみよう。 ※わすれた人、かくにんしたい人は、先生に4月のルーブリックを見せてもらおう。

レベル	どんなことにチャレンジしてみたいですか？	チェックボタン
レベル1		✓
レベル2		✓
レベル3		✓
レベル4		✓
レベル5		✓

☆できたことがあったら「チェックボタン」にチェックをしてみよう。

2　上のルーブリックを見て、できたこと、できなかったことをもとに、4年生でチャレンジしてみたいことを5つ書いてみよう。

レベル	どんなことにチャレンジしてみたいですか？	チェックボタン
レベル1		✓
レベル2		✓
レベル3		✓
レベル4		✓
レベル5		✓

おわかれパーティーを開こう

年　　組　　番　名前（　　　　　　　　　　　　）

おわかれパーティーの流れ
①目てきを決める　　　②き画書を作る
③き画書を発表する　　④き画書を書き直す
⑤おわかれパーティーを開く　⑥ふり返る

①目てき

②き画書

1. 日時　　2. 場所　　3. 係の分たん　　4. プログラム
5. 教室のかざり・つくえやいすのならべ方
6. ゲームや遊び方のくわしい内容　　7. その他

③き画書を発表する
④き画書を書き直す
⑤おわかれパーティーを開く

き画書（れい）

※パーティーの写真や
絵をここにはろう。

⑥ふり返る（できたこと、次にやってみたいこと）

自分の「いいところ」見つけをしよう

年　　組　　番　名前（　　　　　　　　　　）

1　自分の「いいところ」を１つ書いてみよう。

2　自分の「いいところ」を友だちに聞いて書いてみよう。

3　自分の「いいところ」を先生に聞いて、書いてみよう。

4　あてはまるものに、チェックしてみよう。

□自分の「いいところ」に気づけた。

□自分の「いいところ」を言われて、うれしかった。

☆自分の「いいところ」を見つけると、自分に自しんがもてます。つらいことがあっても、自分の「いいところ」をしんじてのりこえられます。これからも、自分の「いいところ」を見つけてみよう。

3年生になって、ぼうけんしたことを書こう

年　　組　　番　名前（　　　　　　　　　　）

1　「ぼうけんしたこと」とは、「ちょうせんしたこと」です。
　　1年間でちょうせんしたことは、たくさんあると思います。
　　ちょうせんしたからこそ、学びをえられましたね。
　　どれについて書くか、下から1つえらぼう。

①国語	②こう筆	③毛筆
④算数	⑤社会	⑥理科
⑦どうとく	⑧体育	⑨ほけん
⑩図工	⑪音楽	⑫学活
⑬そう合	⑭外国語	⑮習い事
⑯家での手つだい	⑰その他	

2　えらんだ番号を書こう→　☐

3　3年生で何にちょうせんしたのか、
　　4年生になったら何にちょうせんしたいかを書こう。

しょう来の「ゆめ」を考えよう

年　　　組　　　番　名前（　　　　　　　　　　　　）

1　　人々を助けたいという思いから、薬のけんきゅうをしつづけた山中先生。
その生き方から、自分の「ゆめ＝やってみたいこと」について考えよう。

　　京都大学の山中伸弥（やまなかしんや）先生は、iPS細ぼうでノーベルしょうを受しょうしました。iPS細ぼうはどんな細ぼうにもなることができる細ぼうです。この細ぼうのおかげでみ来の医りょうが大きく進むといわれています。この上ない大発見です。

　　大発見をした山中先生ですが、お医者さんになりたてのころは、手じゅつになるときんちょうしてしまい、あまり上手にできなかったそうです。ざせつをけいけんしたそうです。

　　その後、山中先生は、手じゅつをせん門とするお医者さんから、薬のけんきゅうをせん門とするお医者さんへとなろうとしました。

　　そのためには、面せつを受けなければなりませんでした。しかし、当日は面せつでのしつ間にうまく答えることができず、しけんに落ちてしまうと思ったそうです。

　　山中先生はどうしたと思いますか？

　　面せつのさい後に大きな声で、「ぼくは薬のことはなにもわかりません。でもけんきゅうしたいんです！　通してください！」と正直に言ったのです。

　　その一言のおかげか、みごと合かくでした。

　　ざせつをけいけんした山中先生はど力をつづけ、ノーベルしょうを受しょうしました。

　　もしも一度や二度のざせつでくじけて、投げ出してしまっていたら、山中先生のせいこうはなかったのです。

2　　自分の「ゆめ＝やってみたいこと」を書こう。

　　（れい）お医者さんになって、かん者さんを助けたい。

4年生 4月 新学期やる気アップワーク

〈4年生から個人差が見られます。そこを尊重するように〉

　3年生と同じく、4年生くらいの子供は、「10歳の壁」という障壁があるといわれています。心身の発達や生活面の変化が生じます。個人差が大きく見えてくるようになるのです。生活面では、女子の心身の成長が著しく、身体の変化だけではなく、女子同士のトラブルも増えてきます。そういう特性を知って対応していく必要があります。

1　1年間の目標を立てよう　（ルーブリックづくり）

　4月は新しいスタートとなり、やる気がみなぎる時期です。自分の目標を立て、努力したいこと、がんばりたいことを明確にします。またどんなクラスにしていきたいか集団を意識した目標も立てるようにしていきます。そして、レベルを1～5まで設け、1か月間、振り返ることができるようになっています。自分で目標を5つ挙げて、それを自分でレベルを選定することができます。

2　自こしょうかいをして仲良くなろう

　新しいクラスで自己紹介をする「ソーシャルスキルワークシート」です。できる子はそれを覚えて、自己紹介をするようにさせましょう。緊張してできない子もいるかもしれません。その場合は、それを見ながらでも紹介するようにしましょう。自分の目標を書かせて、発表させることで有言実行させるようにサポートしていきましょう。

3　さい害にそなえていますか？　子ども用「ぼうさいセット」チェックリスト

　4年生の社会の学習で、防災の勉強が入ります。そこで自分のおうちでの防災は大丈夫なのかチェックできるシートになっています。このチェックリストをもとにおうちでの防災をおうちの方とチェックするきっかけにもなります。

4　当番活動、レベルアップ大作戦

　1学期の自分の当番活動の係を書かせます。そして大切なのはどんな仕事なのか書かせる活動です。担任が思っている仕事内容と児童が考えている仕事内容が違う場合があります。掲示することで、その仕事の状況をみんなで共有できるようになります。また、10点満点で点数化できるようにしています。次の活動への意識を高めるように声掛けしていきましょう。

5　話し合って感想を書こう

　友だちとの会話で「うれしいな」と自分が思う言葉と、「頭にくる、バカにされた」と思う言葉をめぐる話し合いのネタを紹介しました。

1年間の目標を立てよう（ルーブリックづくり）

年　　　組　　　番　名前（　　　　　　　　　　　　）

I　このクラスを1年間どんなクラスにしていきたいですか？

クラス

2　あなたは1年間にどんなことにチャレンジしてみたいですか？　5つ書いてみよう。

（例：1日1回、親切なことをする。宿題をわすれずにする。）

	どんなことにチャレンジしてみたいですか？	その理由を書きましょう。
①		
②		
③		
④		
⑤		

3　「ルーブリック※」をつくってみよう！

※「ルーブリック」とは、みなさんの生活が進められる「ものさし」のことです。

上の5つの目標から、一番かん単にできそうなことは「レベル1」
次にかん単にできそうなことを「レベル2」……と書いていきましょう。
10点満点で今の点数を書きましょう。
8点をこえたら、チェックボタンに✔をつけましょう。
できるだけ早く全部に✔がつけられるようにがんばりましょう。

レベル	どんなことにチャレンジしてみたいですか？	点数 10点満点	チェックボタン
レベル1			✓
レベル2			✓
レベル3			✓
レベル4			✓
レベル5			✓

自こしょうかいをして仲良くなろう

年　　組　　番　名前（　　　　　　　　　　　　）

①	私の名前は	です。
②	たん生日は	です。
③	好きな教科は	です。
④	好きな食べ物は	です。
⑤	好きな （　　　　　　　）は	です。
⑥	毎日 がんばりたいことは	です。
	その理由は	からです。
⑦	わたしはこのクラスを	クラスにしたいです。
	その理由は	からです。
	に顔絵	
		フリースペース（好きな絵や言葉をかきましょう）

4月11日
自こしょうかい
・名前
・好き○○

大きな声で
はっきりと

みなさん　よろしくお願いいたします。（ペコリ）

※みんなの前で発表します。できれば見ないで、しょうかいできるように友達やおうちの人と練習をしておきましょう。自こしょうかいしたら、ろう下にはります。ていねいに書いてくださいね。

さい害にそなえていますか？
子ども用「ぼうさいセット」チェックリスト

年　　　組　　　番　名前（　　　　　　　　　　　）

さい害はいつ起こるかわかりません。
だからそのさい害にそなえておく必要があります。
おうちの人と相談して「子ども用ぼうさいセット」を
用意してみませんか？

	『持ち出し用　ぼうさいセット』リスト（2日分）	内容	☑
1	さい害用リュック	荷物を入れるリュックです。せ負いやすいリュックを用意しましょう。	☐
2	さい害用ほぞん水（500mL×2本）	最低でも1日分を用意しておきましょう。	☐
3	ほぞんかんづめパン（カンパン）	熱や水を加えずに食べられるカンパンやかんづめ、レトルト食品がおすすめです。飲みやすいゼリー飲料を入れておくのもいいですね。 ※わりばしや使いすてスプーンを入れておくと、食べやすく、えいせい面も安心してひじょう食を口にすることができます。	☐
4	レトルト食品		☐
5	ゼリー飲料		☐
6	おかし（あめなどのあまいもの）		☐
7	きん急用ホイッスル	きん急のとき、自分がどこにいるのか知らせることができます。	☐
8	カイロ×2	2日分は用意しておきましょう	☐
9	救急セット	ケガをしたときのために用意しておきましょう。	☐
10	マスク×2	さい害が起きたとき、えい生じょうたいが悪くなるときがあります。	☐
11	ハンカチ・ティッシュ	ハンカチは止血やおう急手当ての包帯代わりになります。ティッシュはよごれたところをふくことができます。	☐
12	アルミブランケット	軽くてうすいのに温かくて、小さくたたんでしまうことができます。バッグに入れて持ち歩いても、荷物の負担になりません。	☐
13	アルコールジェル	手を清けつにたもちましょう。	☐
14	小がたのLEDライト	夜や暗い所で役立ちます。	☐
15	軍手・手ぶくろ	あぶないものがあるかもしれません。寒さをふせぐのにも役立ちます。	☐

当番活動、レベルアップ大作戦

年　　組　　番　名前（　　　　　　　　　　　）

わたしの当番活動は	どんなお仕事ですか？（例：黒板を消すお仕事です。）
です。	お仕事です。

☆４月のふり返り

４月はどうでしたか？ 10点まん点でチェックしましょう。 （10点：完ぺき〜１点：まったくできていない）	点

その理由を書きましょう。

４月にがんばっていたお友達はだれ？

	理由
さん	

５月はどのようにがんばりたいですか？

☆５月のふり返り

５月はどうでしたか？ 10点まん点でチェックしましょう。 （10点：完ぺき〜１点：まったくできていない）	点

その理由を書きましょう。

５月にがんばっていたお友達はだれ？

	理由
さん	

６月はどのようにがんばりたいですか？

☆６月のふり返り

６月はどうでしたか？ 10点まん点でチェックしましょう。 （10点：完ぺき〜１点：まったくできていない）	点

その理由を書きましょう。

６月にがんばっていたお友達はだれ？

	理由
さん	

７月はどのようにがんばりたいですか？

☆７月のふり返り

７月はどうでしたか？ 10点まん点でチェックしましょう。 （10点：完ぺき〜１点：まったくできていない）	点

その理由を書きましょう。

７月にがんばっていたお友達はだれ？

	理由
さん	

１学期の当番活動をふり返りましょう。

おうちの人からコメントをもらいましょう。

お世話になります。次につながるあたたかなコメントをお願いいたします。

話し合って感想を書こう

年 ＿＿＿ 組 ＿＿＿ 番 名前（ ＿＿＿＿＿＿＿＿＿＿＿ ）

ふわふわ言葉を書きましょう

- ありがとう
- すごいね

チクチク言葉を書きましょう

- 最悪（さい）
- ばか

今、書いたそれぞれの言葉を一度、読んでみましょう。

①読んでみてどうでしたか？　感想を書きましょう

②書いたことをお友達に伝（つた）えあいましょう。

③お友達の感想を聞いて、これからどうしていきたいですか？

引用文献：山本東矢『学級がどんどんよくなるプチ道徳 GAME』　学芸みらい社、2021 年

4年生 5月 学級が仲良くなるワーク

〈5月はこういう時期〉

　5月は、張り切っていた4月の緊張感が徐々に解けていき、子供たちが本来の力に戻っていく時期です。また、新しい友達との関わりにも慣れていき、ケンカも増えてくるかもしれません。教師も同様に、4月にはルールを教えよう、たくさん褒めようと張り切っていたはずが、5月に入ると疲れも出てきて、叱る場面が増えてしまいがちです。5月こそ、1年間の楽しい学級経営の分かれ目。チェックと楽しい活動で乗り切りましょう。

1　ノート作りのポイントをおさえよう！

　4月に教えた基本のノートの書き方が守れているかチェックしてみましょう。このワークシートでは、ノートの工夫が表れる理科や社会のノートがチェックできるように作りました。ノートを美しく丁寧に書く「うっとりノート」と、力をつける「できるノート」の2つの項目に分けています。

2　友達の良いところをしょうかいしよう

　自分の良いところをすぐに言えない子供たちはたくさんいます。友達に教えてもらうことで自分の良さに気づいていくでしょう。言葉で伝えるのもいいですが、字に書いて手紙のようにして渡すと心に残りやすいです。

3　クラス遊びを計画しよう

　4年生になると、自分たちでクラス遊びを計画することができるようになってきます。例えば、「生活班ごとにクラス遊びを計画してみましょう。時間は1班15分です。クラスのみんなが楽しく、仲良くできるものを考えましょう」と説明します。あとは、合格・不合格を評定していきます。

4　係を楽しくするくふうを考えよう

　人気のある「係」と、あまり人気のない「係」があります。だから、多くの子供が希望する係は奪い合いになることもあります。係活動を、○○会社という形になぞらえた筑波大附属小での有田和正先生の実践が有名です。実生活と結びつけて発想を広げるチャンスにしても良いのではないでしょうか。

5　あいさつについて考えよう！

　「おはよう」、「ありがとう」、「いただきます」は、それぞれ普段からよく使う挨拶です。しかし子供たちはその挨拶に含まれた意味や込められた気持ちなどを知らないことが多いです。このワークシートでは友達と話合いながら、まずその意味を考えます。意味を理解した上で自分が今一番がんばって行いたい挨拶を決めて実行していきます。ただ「挨拶しなさい」と指示するのではなくて、意味を理解させることで納得させて挨拶に取り組ませることが大切です。

〈参考文献〉春山茂雄『脳内革命』サンマーク出版、1995年
　　　　　TOSSランド／西岡美香「のうみそくんは知っている」https://land.toss-online.com/lesson/abo3nbscm7yupc6h

ノート作りのポイントを
おさえよう!

年　　組　　番　名前（　　　　　　　　　　）

〈できていたら☑しよう!〉
　単元の最後に学習のまとめをすると、学んだことが整
理できます。理科や社会などいろんな教科でやってみよ
う。まずは、このノートを写して書くのもよいでしょう。

①見開き２ページにまとめている□
②こく、ていねいな字で書いた□
③タイトルが書いてある□
④ものさしを使って線を引いた□
⑤絵や図がかいてある□

⑥大事だと思う言葉を太くしたり
　赤くしたりして強調した□
⑦自分の考えが書いてある□
⑧友達からマネしたいと言われた□

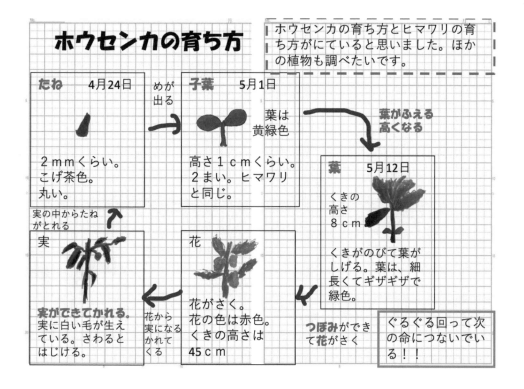

ホウセンカの育ち方とヒマワリの育ち方がにていると思いました。ほかの植物も調べたいです。

ホウセンカの育ち方

| たね　4月24日 | めが出る | 子葉　5月1日 | 葉がふえる 高くなる |

たね　4月24日
２mmくらい。
こげ茶色。
丸い。

子葉　5月1日
葉は黄緑色
高さ１cmくらい。
２まい。ヒマワリと同じ。

葉　5月12日
くきの高さ8cm
くきがのびて葉がしげる。葉は、細長くてギザギザで緑色。

実の中からたねがとれる

実
実ができてかれる。
実に白い毛が生えている。さわるとはじける。

花から実になるかれてくる

花
花がさく。
花の色は赤色。
くきの高さは45cm

つぼみができて花がさく

ぐるぐる回って次の命につないでいる!!

感想

友達の良いところを
しょうかいしよう

年　　組　　番　名前（　　　　　　　　　　　　）

〇自分の席と同じ列の人の良いところを書こう。

名前	良いところ

〇自分の良いところは何でしたか？

クラス遊びを計画しよう

年　　　組　　　番　名前（　　　　　　　　　　　　）

〇クラスのみんなが「楽しく、仲良く」なるための遊びを考えよう。

〈計画書〉

先生のサイン

①遊び

②ルール（言葉・図・絵などでわかりやすく）

③場所

④日にち

月　　　日（　　　）

⑤じゅんびする物

物	だれが用意するのか

⑥手分け

仕事	だれがやるか	仕事	だれがやるか

係を楽しくするくふうを考えよう

年　　組　　番 名前（　　　　　　　　　　　）

○「こんなことをしてみたいな」という計画を話し合おう。
　 ふせんなどに書いてはっていこう。

```
┌──────────────┐
│              │
│              │
│          係  │
└──────────────┘
```

③
一番
やりたいことを
１つだけ決めよう！

②
やってみたいことを①から
いどうさせよう

①
「これはだめかな？」と思うものも
ふくめて、とにかくたくさん考えを
出そう！

あいさつについて考えよう！

年 　 組 　 番 名前（ 　　　　　　　　　　 ）

1 「おはよう」「ありがとう」「いただきます」は、大切なあいさつだといわれています。それぞれどんな「良さ」がありますか。友達と話し合ってみよう。

おはよう	ありがとう	いただきます
（例）言われるとうれしくなる。	（例）感しゃの気持ちがつたわる。	（例）食べ物を大切にしているとわかる。

2 自分が一番大切にしたいあいさつはどれですか。
　その理由も書こう。

一番大切にしたいあいさつ「　　　　　　　　　　　　　　　　　　　」
理由

引用文献：村野聡・保坂雅幸編『新道徳授業が10倍イキイキ！対話型ワークシート題材70』学芸みらい社、2019年

4年生 6月 魔の6月を回避するワーク

〈6月はこんな時期〉

　3年生と同じく、6月は学校生活にだんだんと慣れて問題行動が起こる時期と同時に、学級の成長に変化が見られる時期でもあります。また学校によっては、個人面談が始まったり、所見を書き始めたりする人も多い時期です。そこで、学級活動を見直すワークや、これまでの学校生活を振り返るワークを入れています。また学級をよりよくするために、お楽しみ会も始められるワークも入れています。ワークシートを活用し、学級をよりよくし、教師も子供も楽しいクラスを作っていけたらと考え作りました。

1　2か月をふり返ろう！

　自分の学習や生活の仕方について、「自分でチェックすることにより、自分自身を見つめ直す」シートになっています。具体的な場面での振り返りのヒントを入れました。

2　「けんさく」して調べてみよう

　一人一台端末が入り、社会科や総合的な学習の時間で多く行うのが「調べ学習」です。「調べ学習」で欠かせないのが「ネット検索」です。

　NHK for School に非常に分かりやすくまとめられています。その動画を活用しながら、ワークシートに取り組むと、より一層学びが深まります。取り組みやすくするために、「レベル1」と「レベル2」に段階を分けて、楽しく取り組めるようにしました。さらに、どの子も活動ができるように、
　①薄い字をなぞらせる　②感想を書く
というシンプルなワークにしました。

3　クラスの良いところ、直したいところ

　学級会で使用するために作ったワークです。はじめに、今のクラスの「良い点」と「課題点」を子供に考えさせます。またクラスがより良くなるために、クラスのみんなでやってみたいことを書く欄を設けました。そこで出てきた中から、一つやることを決め、お楽しみ会などの次の活動につなげることができます。

4　お楽しみ会を開こう

　初めてお楽しみ会を開くのがこの6月の時期ではないでしょうか。新しいクラスになり、これまで経験してきた「お楽しみ会」の内容は一人一人様々にあります。その一つ一つの経験をマインドマップに整理してお楽しみ会の内容を決めるワークになっています。

5　席がえをしたときは……

　隣に誰が来るかハラハラドキドキ。子供が一番関心を持つテーマではないでしょうか。どういうルールで席替をしたのかも大事ですが、子供にとっては「その人」と、どうコミュニケーションをとるかが、楽しい学級になるかどうかのカギ。そこでこのシートの出番となります。

〈参考HP〉NHK for School「インターネット検索」

2か月をふり返ろう！

年　　組　　番　名前（　　　　　　　　　　　）

学習

	何をがんばりましたか	理由
👑1		
👑2		
👑3		

生活

	何をがんばりましたか	理由
👑1		
👑2		
👑3		

クラスに一言

「けんさく」して調べてみよう

年　　組　　番　名前（　　　　　　　　　　）

１　うすい文字をなぞろう。

レベル１

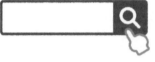

①けんさくサイトを
立ち上げる。

②けんさく「まど」に
言葉を打ちこむ。

③調べたい言葉を入れる。

レベル２

①見出しを見る。

②見出しと説明文を
よく見る。

③気になったところを
クリックする。

２　ふり返ろう。できたら○をつけよう。

①キーワードを用意し
組み合わせられた。

②見出しと説明文から
しぼりこむ。

③信らい度が高いじょう
ほうをさがす。

クラスの良いところ、直したいところ

年　　組　　番　名前 (　　　　　　　　　　　　　　)

１　クラスの良いところや、のびてきているところは何ですか？

２　クラスで、もっとがんばった方がいいところは何ですか？

３　クラスでやってみたいこと、がんばりたいことは何ですか？

４　先生にお願いしたいこと！

お楽しみ会を開こう

年　　組　　番 名前（　　　　　　　　　　　　）

めあて

みんなで楽しめる遊びを書こう。

ふり返り

席がえをしたときは……

年　　組　　番　名前（　　　　　　　　　　　）

1　「席がえ」をすると、あまり話したことのない友達と「となり」の席になりました。あなたなら一生けん命話しかけますか。自分からは話しかけずに、待ちますか。選んで理由を書きましょう。反対の意見の理由は、友達に聞いてみよう！

一生けん命話しかける	話しかけずに待つ

2　考えてみて、一番大切だと思ったことは何ですか。また、これからやってみたいと思ったことを書こう。

一番大切だと思ったこと	これからやってみたいこと

引用文献：村野聡・保坂雅幸編　『新道徳授業が10倍イキイキ！対話型ワークシート題材70』学芸みらい社、2019年

4年生 7月 夏休みを充実させるワーク

〈7月はこういう時期〉

7月は夏休みが目前に迫った時期です。夏休みを目前にして子供たちは浮足立ってしまうことがあります。4月に決めた1学期の目標や1年間の学級目標。その目標に向かって過ごした1学期の自分はどうだったかを振り返りましょう。「できた」「できなかった」ではなく、「なぜできたのか」「できなかったのは何が足りなかったのか」を意識して2学期の新たな目標につなげましょう。2学期の目標を2学期の初めに決める先生も多いですが、1学期の振り返りを基に2学期の目標を考えるので1学期中に決めた方がよいです。これもポイントです。

1 1学期をふり返ろう

このワークシートでは、わけ〜るシートを利用します。「できたこと」「できなかったこと」だけでなく、2学期に向けて「改善すること」をメタ認知することが大切です。ただ振り返るだけでなく、次につなげていける構成になっています。ただ形式的に書かせるだけでなく、隣の人や班の友達と交流させながら記入することで一体感も生まれます。

2 友達に「感しゃの気持ち」を伝えよう

ここでは、1学期を通して感謝を伝えたい友達の名前を書きます。1枚のシートで6つのエピソードを書くことができます。書けたら友達に渡すこともできます。また、特定の友達に手紙を書くのではなく、クラス全体のことを考えてがんばった人という視点で思考させるきっかけをつくれるかと思います。なにげなく過ごしている日々も多くの人に支えられていることに気づけるかも知れません。

3 夏休みの目標を立てよう

自分で目標を立てると、「本当にできること、できそうもないこと」など、自分自身の願望と行動とを見つめ直して考える習慣がつくようになるきっかけになりそうです。

4 夏休みのルーブリックをつくろう

このワークシートではルーブリックを作成します。目標を決めて努力していく仕組みになっています。努力の仕方を自分で決めるようになっています。主体的に活動することができます。夏休み中にがんばることを構造化することで思考を整理することができます。3の「夏休みの目標を立てよう」のワークシートと連動させることで、より思考が深まっていきます。

5 感想を書こう〈四捨五入の山〉

4年生になると、四捨五入という言い方を聞いたことがあるでしょう。いったいどういう考えが基本にあるのでしょう。夏休みには、たくさんの頭の体操をする問題を出しましょう。

1学期をふり返ろう

年　　　組　　　番　名前（　　　　　　　　　　　　　）

1　1学期にできるようになったことを書こう。

できるようになったこと	
勉強のこと （例）習った漢字が全部書けるようになった。	**生活のこと** （例）あいさつをわすれずにできるようになった。
できた理由 （例）じゅ業のときに、何回も何回も練習したから。	**できた理由** （例）やっているうちに気持ちがよくなってきたから続けたいと思うようになった。

2　2学期にチャレンジすることを書こう。

レベル	チャレンジすること（例）2学期も漢字を全部覚えたい
1	
2	
3	

友達に「感しゃ」の気持ちを伝えよう

年　　組　　番　名前（　　　　　　　　　　　　　　）

１　１学期をふり返って、友達に伝えたい感しゃの気持ちを考えよう。

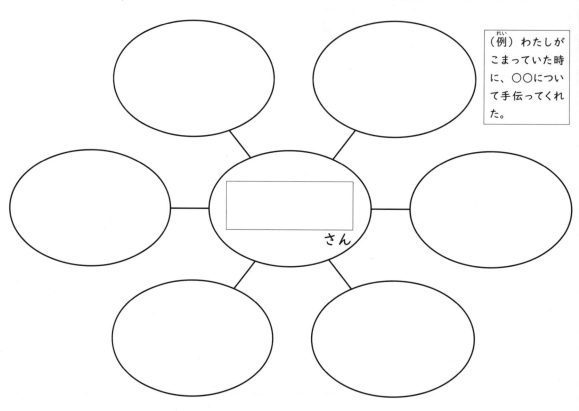

（例）わたしがこまっていた時に、〇〇について手伝ってくれた。

さん

※周りの〇には、伝えたい感しゃのエピソードを書きましょう。

- キ リ ト リ -

２　クラスのためにがんばっていた友達について書こう。

〇勉強のことで（例）発表をがんばっていたり、話し合いのときは真っ先に意見を出したりしていた。

〇生活のことで（例）そうじに一生けん命に取り組んで、それを見て周りの友達もがんばりだしていた。

夏休みの目標を立てよう

年　　組　　番　名前（　　　　　　　　　　　　）

１　夏休みの目標を立てよう。

（例）宿題を７月中に終わらせる。		

※□の中に、目標にしたいことを書こう。

２　夏休み明けにできるようになっていたいこと。

（例）勉強は、１学期に習ったことを忘れないようにしたい。

夏休みのルーブリックをつくろう

年　　組　　番　名前（　　　　　　　　　　　）

1　夏休みにがんばりたいことを考えましょう。

学習 （例）1学期の漢字を全部
書けるようになりたい。

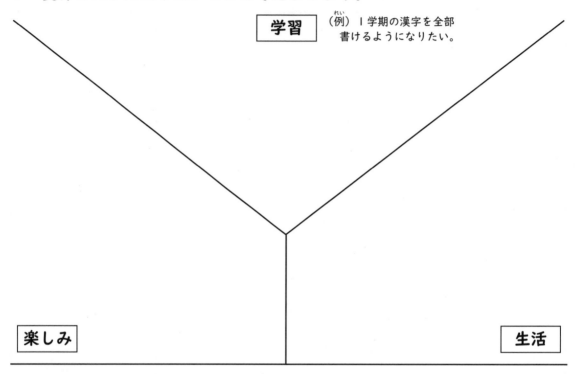

楽しみ

生活

2　夏休みのルーブリックをつくろう。

（例） 手伝いをする。		
1日に30分 勉強する。		
1日に3回 手伝いをする。		
1日に30分 運動する。		

※できたものを○でかこもう↑

感想を書こう
〈四捨五入の山〉

年　　組　　番　名前（　　　　　　　　　　　　　　）

◎次のお話を読んでみよう。

(1) 三角の山があります。山の先にはトンネルがあります。反対側にもトンネルがあります。トンネルには名前がついています。「0のトンネル」と「10のトンネル」です。

(2) 山の上に玉が10こ。左右に5こずつあります。

(3) 0、1、2、3、4までは山の左側。5、6、7、8、9は山の右側です。

0、1、2、3、4までの数字はコロコロコロコロと転がって「0のトンネル」に入ります。

では、先生が言う数字は0のトンネルに入るかな？　10のトンネルに入るかな？　「0です」「10です」と答えてくださいね。

1は……「0です」
4は……「0です」
5は……「10です」

このように、0から4までを0と考える、5から9までを10と考える見方を四捨五入と言います。この山は四捨五入の山です。

このお話を読んだ感想を書こう。

....

....

....

....

引用文献：木村重夫編著『算数授業に効く！とっておきの語り167選 4～6年生編』学芸みらい社、2022年

4年生 9月 2学期スタートダッシュワーク

〈9月はこんな時期〉

　9月は児童が不安を抱えやすい時期です。夏休みの間に友達との関わり方や学校での過ごし方を忘れて、緊張や不安を覚えるからです。そのため不登校も増えやすい時期になります。そこで友達との関係を見直し、関わるきっかけを与えるワークや、基本的な生活について考えるワークを入れています。また行事に対して目標をもって主体的に行うことで生活にやる気が出たり、成長を意識したりすることができることを大切にしています。

1　PCの達人！　スライドで発表しよう！

　このワークシートでは、相手に伝える良さを感じることができます。またスライドを活用するとできる幅も一気に広がります。写真や、動画、見つけたサイトなどを自由に使うことで、表現する楽しさを知り友達と関わるきっかけをもつこともできます。基本的な操作を一つ一つ経験できるようにしたり、児童が自分でQRコードを読み取り、作り方を動画で確認できたりできるようにしています。一度経験することで児童が自由に操作できる幅も広がっていきます。

2　友達について考えよう

　友達に相談できるだろうか、相談にのってあげることができるだろうか、と考え、友達のことを見つめ直すことができるワークシートです。大切な友達とその人との思い出を書くことで改めて友達がいる良さについて考えることができます。中には恥ずかしくて書くことに抵抗がある子もいるかもしれません。Google Classroom に提出BOXを作ると、児童がそこに書いたものを誰に見られることもなく教師に送ることができます。

3　人の「好き」を考えよう

　4年生は「性」への目覚めの時期でもあります。人と自分との違いについて考えながら、自我が目覚めていきます。その大切な時期に、人それぞれ好きな服や好きな色があり、それを男の子のものだ、女の子のものだ、と決めつけたりせず、お互いに尊重するという視点を持ってほしいと思います。

4　運動会をじゅう実させよう

　楽しい運動会。みんなが精一杯頑張った時のすがすがしい気分は一生ものではないでしょうか。こういう、子供の時でないと味わえない体験を沢山ストックできる動機づけを促すシートとなっています。

5　読書の楽しさを伝えよう

　学校生活を思い出す9月のワークシートでは「基本の大切さ」の話が入れてあります。4年生になって高学年の仲間入りをしてくると同時に、小学校で教わった基本的なことがおろそかになりやすい学年でもあります。普段していることに気持ちと意識を向けて、丁寧に行っていくことが成長へとつながっていくことを改めて実感してほしいと思います。

PCの達人！ スライドで発表しよう！

年　　　組　　　番　名前 (　　　　　　　　　　　　)

1　伝えたいこと（好きなもの）と、その理由を考えよう。

1	
理由	
2	
理由	
3	
理由	

2　スライドで、伝えよう！

レベル1	スライドを開くことができた。	✓
レベル2	とった写真を入れることができた。	✓
レベル3	文字を入れることができた。	✓
レベル4	文字の色を変えることができた。	✓
レベル5	四角を使って、かこむことができた。	✓
レベル6	四角の中を「とう明」にすることができた。	✓
レベル7	3ページ以上作ることができた。	✓
レベル8	スライドショーを行うことができた。	✓

ここから作り方動画が
見られるよ！
▼

友達について考えよう

<ruby>友達<rt>ともだち</rt></ruby>について考えよう

年　　組　　番　名前（　　　　　　　　　　　　　　）

1　友達に相談したいことはありますか。

2　友達がこまっていることはありませんか。

3　相談し合える友達と、その友達との思い出を書いてみよう。

友達の名前	友達との思い出

友達の名前	友達との思い出

人の「好き」を考えよう

年　　組　　番　名前（　　　　　　　　　　　　）

1　「くまさん」は、スカートやフリルを着るのが好きな男の子です。
　　あなたは「くまさん」のかっこうを見て、どんなことを考えますか。

```
................................................................
................................................................
```

2　「くまさん」はある日、「女の子みたいだ」と言われてしまいました。
　　あなたはどう思いますか。

```
................................................................
................................................................
```

3　服があります。あなたは何色の服が好きですか。
　　色をぬったり、かざりつけをしてみよう。

4、好きな色は人それぞれちがいます。
　　そのことについてどう思いますか。

```
............................................
............................................
```

運動会をじゅう実させよう

年　　組　　番　名前（　　　　　　　　　　　　）

1　運動会が終わった時、どんな顔をして、どんなことを考えていたら、「成功（せいこう）」したと言えますか。クラスで話し合って書いてみよう。

2　「成功」するために、何をがんばればよいですか。
目標（もくひょう）を２つ書こう。

1	2

3　それぞれの目標に向けてルーブリックを作ろう。

目標に向けてすること	チェック

目標に向けてすること	チェック

読書の楽しさを伝えよう

年　　組　　番　名前（　　　　　　　　　　　　　）

1　ウェビングマップを使って、どうやって読書の楽しさを伝えるか、
　考えよう！

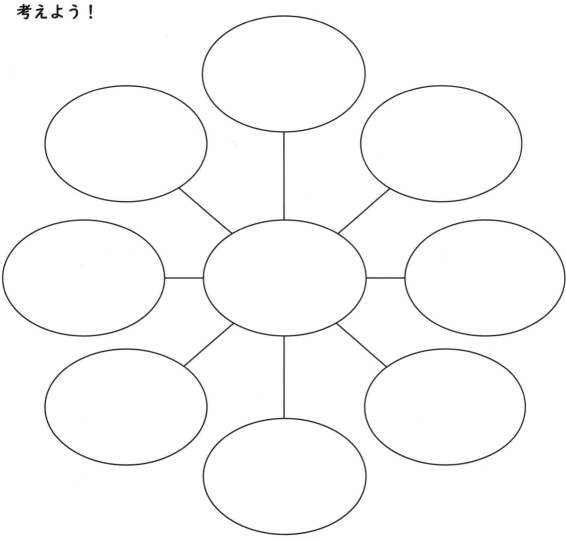

2　読書の楽しさを伝える方法を決めて、書きこもう！

4年生 10月 学級がさらにまとまるワーク

〈10月はこんな時期〉

　2学期も1か月がたち、中だるみの時期です。学級の中でトラブルが頻発したり、なんとなくクラスがまとまらないなあと感じたりします。また、いじめの対策も欠かせません。

　こんな時期だからこそクラスでイベントをすると盛り上がります。「百人一首大会」や「ハロウィンパーティー」など自分たちで企画、実行、振り返りができるワークシートです。また、都道府県名の暗記に向けて「漢字ビンゴ」ができるワークシートもあります。ちょっとした時間に工夫を加えながら何度も実施すると、大いに盛り上がります。「暗記が苦手」な子も、クラス全体で楽しく学ぶことができます。

1　百人一首大会を計画しよう！

　学級内百人一首大会を企画するワークシートです。自分の目標や結果を記入する欄もあります。自分たちでイベントを企画する力を育てます。

2　係活動で学級をつくろう

　係り活動を通して学級生活を充実させるシートです。2学期の初めに新しい係を決めて、係カードを書いた後、活動が停滞することがよくあります。そうならないために「活動を振り返るシート」に、「これからしたいこと」を書くページをつくりました。

3　ハロウィンパーティーを計画しよう

　ハロウィンパーティーを企画する活動を通してイベント企画力をつけるシートです。実施後の感想を書き、振り返ることもできます。

4　クラスのことを考えよう

　クラスのいいところを「授業中」「休み時間・掃除・給食時間」「行事・イベント」の項目ごとに振り返り、記入します。そしてクラスの課題点を1つだけ書き、どうやったら解決できるかをクラスで話し合います。

5　漢字ビンゴをしよう（都道府県）

　都道府県名は、小学校卒業までに全県覚えなければならないとされています。社会科授業でやるのはもちろんのこと、スキマ時間にも何回もやってほしいテーマ。グループ対抗の早打ち競争などを導入すると、ゲーム感覚で盛り上がり、記憶が促進されていきます。

百人一首大会を計画しよう！

年　　組　　番　名前（　　　　　　　　　　　　）

①目的（例：クラスの男女の仲をもっと深めるため。）

②ルール（例：札をとるときは「はい」と言う。）

③日時

月　　　日（　　　）

④場所

④じゅんび物（例：ゆう勝者へのしょうじょう）

⑤仕事の手分け（例：司会、しょうじょうを作る、札を読むなど）

仕事	する人	仕事	する人

係活動で学級をつくろう

年　　組　　番 名前（　　　　　　　　　　　　　）

1　係の名前

係

2　今までの活動をふり返ろう。

		◎ ○ △
①	同じ係の人と協力（きょうりょく）して活動できた。	
②	週に1回以上（いじょう）活動をした。	
③	クラスのみんなが楽しめるような活動をした。	
④	自分から進んでアイデアを出した。	

3　これからしたいことを書こう （できたものに✓をつけよう）

レベル	したいこと・がんばりたいこと （例：みんなが楽しめるクイズを週に1回はする）	チェック
1		
2		

ハロウィンパーティーを計画しよう

年　　　組　　　番　名前（　　　　　　　　　　　）

①目的（例：クラスで楽しい思い出をつくるため）

②日時

月　　　日（　　　）

③場所

④プログラム

例
①はじめの言葉
②かそうリレー
③かそうドッジボール
④各グループ出し物
⑤全員合唱
⑥終わりの言葉

⑤仕事の手分け（例：司会、教室のかざり作りなど）

仕事	する人	仕事	する人

クラスのことを考えよう

年　　組　　番 名前（　　　　　　　　　　　）

1　クラスの良いところを書こう。

【じゅ業中】

> ....

【休み時間・そうじ・給食など】

> ....

【行事・イベントなど】

> ....

2　クラスの課題（レベルアップできそうなこと）を1つ書こう。

3　2で書いた課題はどうやったらかい決できそうですか。友達と話し合って書こう。

> ....

漢字ビンゴをしよう（都道府県）

年　　組　　番　名前（　　　　　　　　　　　　　）

　下の四角の中にある都道府県名で使われる漢字の中から、9つを選んでマスの中に書きましょう。言われた漢字に丸をつけます。たて、横、ななめのいずれか1列そろったらビンゴです。

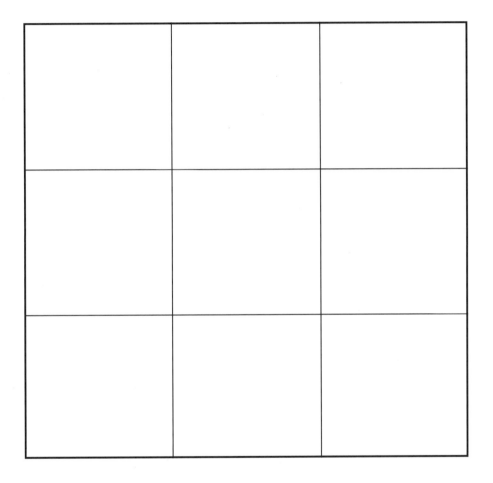

岡	香	崎	沖	井	奈	熊
縄	栃	佐	埼	媛	阪	鹿

引用文献：川合賢典『国語学習アクティビティ＆語彙ゲーム 授業の面白活用辞典』学芸みらい社、2022年

4年生 11月 魔の11月を回避するワーク

〈11月もトラブルが起きやすい時期〉

　11月は、1年間の半分が過ぎ、学校生活を振り返る月です。行事やこれまでの生活での学びを表すワークシートになっています。また、健康に関するワークシートもあります。

1　学習発表会の目標を立てよう

　自分の目標を立て、努力したいこと、がんばりたいことを明確にします。また、レベルを1〜4まで設け、9日間を振り返ることができるようになっています。なお、レベル4は自分でレベルの内容を設定します。10点満点で点数をつけます。

2　そうじの仕方をくふうしよう

　そうじの仕方を振り返るワークシートです。1〜6までの項目で振り返ります。なお、6番目は自分で内容を設定します。今後につなげられるよう、振り返り後、がんばりたいことを記入するようにしています。

3　学級、ゆめの給食こん立表！

　夢の給食メニューを考えます。給食献立表を見ながら、主食、主菜などを書き入れるワークシートです。書き込んだ後は、学級で話し合い、学級の給食献立表を決めます。可能なら、給食室や給食センターに提案するのもよいでしょう。

4　心のバリアフリーについて考よう！

　ちょっとした見た目や、性格などを取り立てて"問題"にするような風潮が、クラスの中で陰に隠れるように醸成されていることもあるようです。「学習面」「生活面」「友達関係」「運動面」などにわたって、一人ひとりがシートに記入しながら考えることができます。

5　感想を書こう〈以上、以下、未満〉

　よく取り上げられる問題です。数学的思考として、頭の体操をしながら身の回りにある「きまり」について学ぶことができます。

学習発表会の目標を立てよう

年　　　組　　　番　名前（　　　　　　　　　　　　）

学習発表会の自分の目標

・日にちを書いて、10点満点で記入しよう。
　本番までにすべて8点以上を目指そう！

	（日にち）	/	/	/	/	/	/	/	/	/
レベル1	1つのせりふを3通りの言い方で読めた。									
レベル2	せりふを覚えた。									
レベル3	登場の仕方をくふうした。									
レベル4	（自分で考えよう）									
レベル5	（自分で考えよう）									

そうじの仕方をくふうしよう

年　　組　　番　名前（　　　　　　　　　　　）

①自分のそうじ場所を書こう。

②そうじの手順(てじゅん)をふり返ろう。

1)
2)
3)
4)
5)
6)

③もっときれいにするために、くふうができそうな手順はないだろうか？
　１つ選(えら)んで、くふうすると良(よ)いことを、１つ書いてみよう。

④５日間続けてみよう。

日にち	/	/	/	/	/
◎○△					

学級、ゆめの給食こん立表！

年　　　組　　　番　名前（　　　　　　　　　　　　　）

・１周間分の給食のこん立を作ってみよう。
・給食こん立表を見ながら、書きこんでみよう。

	主食 ごはん（米）、 パンなど	主菜 肉や魚など 主要なおかず	副菜 野菜、きのこな どのおかず	くだもの	その他 デザート など
月					
火					
水					
木					
金					

・バランスがとれているかな？
　友達のメニューとくらべてみよう。

心のバリアフリーについて考えよう！

年　　　組　　　番　名前（　　　　　　　　　　　　　）

① 「人とちがうこと、ところ」によって、やりたいことが思うようにできないと感じることはどんなこと？　例えば、学習面、運動面、生活面、せいかくなど。

② このようなちがいによる「バリア」を少しでもなくすためには、どうしたらよいと思う？

③ どんな人も安心して生活できる、バリアのないクラスにするためには何が必要だと思う？

> 学習面　　　　　　　　　　> 生活面

> 運動面　　　　　　　　　　> 友人関係

> その他

④ 自分のできることを１つ選んで、やってみよう。

>

感想を書こう
〈以上、以下、未満〉

年　　組　　番　名前（　　　　　　　　　　　　　）

◎次のお話を読んでみよう。

(1) おもちゃには、対しょう年れいというのがあります。対しょう年れい3さい以上のおもちゃです。3さいであれば安全と考えられています。もちろん、4さい、5さい……の子も入ります。

(2) では、対しょう年れい5さい以上、これは、何さいから安全と考えられていますか。5さいからですね。6さい、7さいも……OKですね。では、5さいの子は入りますか。入ります。5さいの子も入りますか。5さいの子も入ります。

(3) 対しょう年れい5さい以下というおもちゃがあったとします。5さいの子は入りますか。入ります。以下ですから、5さい、4さい、3さい……が対しょうになります。

(4) 対しょう年れい5さい未満。5さいは入りますか。入らないですね。5さいは入りません。4さい、3さい……の人が対象です。

(5) 日本では、お酒は20さい以上の人が飲むことができます。20さいは入りますね。19さいは。入らないですね。お酒は20さい未満の人は飲めません。20さいは入りますか。入らないです。19さいは。入ります。

お話を読んだ感想を書こう。

....

....

....

....

引用文献：木村重夫編著『算数授業に効く！とっておきの語り167選4〜6年生編』学芸みらい社、2022年

冬休みを充実させるワーク

4年生 12月

〈12月はこういう時期〉

1年間の2／3が過ぎ、しかも、その年の最後の月となる12月。教師も子供も、良い年を送り、新しい年を迎えたいという気持が強くなります。その時に、子供が素直に自分を見つめることができたり、成長した実感や成功した充実感を味わったりすることがポイントとなります。

1　2学期をふり返ろう

子供が素直に自分を見つめる10の観点として、小学校児童指導要録の行動の評価を参考にしました。基本的な生活習慣、健康・体力の向上、自主・自立、責任感、創意工夫、思いやり・協力、生命尊重・自然愛護、勤労・奉仕、公正・公平、公共心・公徳心です。

その項目の中で、子供が自分自身の良さや可能性に気づけるように、具体的な言葉で選択できるようにしました。さらに選んだ良いところを基に作文を作ることで、自分の良さを改めて知る場を設けました。

2　冬休みの目標を立てよう

冬休みは、クリスマスやお正月などの行事があり、だらだらした生活になったり、生活が乱れがちになったりします。そのために、目標を持たせ、その目標のために具体的な毎日することを考えさせます。これは、おうちの人と相談しても良いでしょう。そして、起きる時間、寝る時間などの必要最低限の予定を書き込める「1日の予定表」を取り入れて、規則正しい生活が送れるように配慮しました。

3　冬休みのルーブリックをつくろう

3年（P.53）にも同様のテーマがあるので、初めてルーブリックをつくる学級では、こちらも活用してほしいです。自分でルーブリックを作り、自分の成長を感じることができたらすばらしいです。その際、規則正しい生活とお年玉等で入手したお金の2つを例示して、この2つも単なる例示ではなく、冬休みのルーブリックとして、取り組んでもらいたいという思いを込めています。

4　シークレットサンタをしよう

「良いことをする」「それを気づかれないようにする」―大人でも難しい（大人の方が難しい？）こと。すばらしい大人になるトレーニングの第一歩です。子供に、がんばってやってもらいましょう！

5　江戸しぐさを見て感想を書こう

相手のことを考えている「江戸しぐさ」。その中から4年生には、「こぶしうかせ」と「おつとめしぐさ」の絵を見せて考えさせます。冬休みなので、親子で考えてから、調べて、感想を書くというワークシートにしています。おうちの人からのコメントで、子供の笑顔が増えると、冬休みの充実につながります。家族の協力を得たい取組みです。

2学期をふり返ろう

年　　組　　番　名前（　　　　　　　　　　　　　　　）

1　こうもくごとに自分の良いところを書き出してみよう！
（友達に聞いても良いですよ。）

あいさつや早ね・早起きなどの「き本的な生活習かん」
外遊びやすいみん、給食などの「健康・体力の向上」
自分で決めたり、けい続したり、がまんしたりなどの「自主・自立」
決めたことや約束を守る、そうじをするなどの「せきにん感」
アイディアを言ったり出したり、自分らしい考えなどの「そう意くふう」
相手の気持ちを考えて、話したり、行動したりする「思いやり・協力」
命を大切にしたり、動植物の世話をしたりする「生命そん重・自然愛ご」
係や当番、あせをかいて働くなどの「きん労・ほう仕」
だれに対しても悪いことを「いけない」と言えるなどの「公正・公平」
みんなで使う物を大事にしたり、決まりを守ったりする「公共心・公徳心」

2　上で書いた良いところを、どんな時に具体的にしたのか、文章で書いてみよう！

………………………………………………………………………………………
………………………………………………………………………………………

冬休みの目標を立てよう

年　　組　　番　名前（　　　　　　　　　　　　）

目標

することチェックリスト

☐ ＿＿＿＿＿＿＿＿＿　　☐ ＿＿＿＿＿＿＿＿＿　　☐ ＿＿＿＿＿＿＿＿＿

☐ ＿＿＿＿＿＿＿＿＿　　☐ ＿＿＿＿＿＿＿＿＿　　☐ ＿＿＿＿＿＿＿＿＿

☐ ＿＿＿＿＿＿＿＿＿　　☐ ＿＿＿＿＿＿＿＿＿　　☐ ＿＿＿＿＿＿＿＿＿

1日のタイムスケジュール

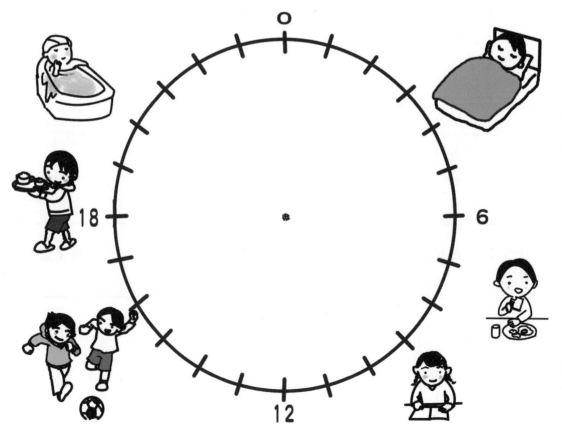

0

18　　　　　　6

12

冬休みのルーブリックをつくろう

年　　組　　番　名前（　　　　　　　　　　　　）

　ルーブリックとは、内容とレベルを決め、どこまでできるかを表にしたものです。空いている所は、自分で考えて書きこもう。

右に行くほどレベルアップします。

内容 ＼ レベル	C	B	A	S
(例) 学習	ノートを使った	ノート1ページ	ノート見開き2ページ	毎日、ノート見開き2ページ以上
手伝い				
運動				

　つくったルーブリックを実行できたら、例のように赤えん筆で○をつけましょう（学習は例をそのまま使っても良いですし、下の空いている所に新たにつくっても良いです）。
　全部に○がついたら、あなたにとって最高の冬休みです。

シークレットサンタをしよう

年　　組　　番　名前（　　　　　　　　　　　）

①目的

②期間

③場所

④ルール

　サンタクロースのように、気づかれないうちに、

　クラスの人によいことをする。

⑤シークレットサンタですること（自分で考えてみよう。）

⑥先生の役わり

　先生は、今回の「シークレットサンタ」を次のようにします。

　（先生にどうするか聞いてみよう。または、どうしてほしいかを
　伝えよう。）

学校だけではもったいない。

家でも、家族に気づかれないように、シークレットサンタをしよう。

家の人は大人だからむずかしいけれどだいじょうぶかな？

①家族の全員にしよう。

②毎日しよう。

③気づかれたら、ちがうことを考えてしよう。

江戸しぐさを見て感想を書こう

年　　組　　番　名前（　　　　　　　　　　　）

問題：家の人と、下の絵（「江戸しぐさ」という）を見て、何をしているの
　　かを当てよう（答えは、インターネットで「江戸しぐさ」を調べて
　　みよう）。

①

②

①②を見て、調べた感想を書こう。

家の人から

4年生
1月

3学期ラストスパートワーク

〈1月はこんな時期〉

　1月はその学年の終わりが見えてくる時期です。4年生が終わりに近づき高学年に向けて大きく成長する時期でもあります。「できたこと」や「課題」をはっきり意識し、目標を立てることも重要となってきます。学びをまとめたり、できるようになったことを伝えたり、足りないものに目を向けたり、を繰り返し、次の学年に向けて大きく成長するきっかけにしていきたいです。

1　4年生、ラストラン計画！

　このワークシートではまず、エリアチャートを利用して、「できたこと」「できなかったこと」を見つけることを大切にしています。例えば「そうじ」という同じ項目でも、できていることと、まだ足りないことがクラスそれぞれあるはずです。自分の成長も感じると同時に、足りなかったことを確認し、新たな目標を設定することができます。

2　最後のルーブリックをつくろう！

　4年生のワークシートではルーブリックをつくる前に、何が原因でその課題があるのかをフィッシュボーンチャートによって意識できるようにしてあります。例えば掃除の課題であれば、集合がそろわない、やることが明確になっていない等の原因が考えられたりすることがあります。それをもとにルーブリックを作ることで、より高度な課題を意識したルーブリックの作成につながっていきます。

　フィッシュボーンチャートをJamboardの背景にしてグループで操作をすれば、いろいろな視点で原因を考えることができたり、原因の種類を仲間分けしたりすることができます。

3　成長したことを伝えよう！

　冬休みに経験したことを思い出し、そこから学んだことを意識できるワークシートになってなっています。ピラミッドチャートによって一番大切な学びは何かを意識することができます。Jamboardにピラミッドチャート背景で設定すれば、子供が付箋を動かしながら、自分にとっての一番を検討することもできます。

4　ノートのとり方を考えよう

　友達と話し合いながら「きれいなノート」をとるためのポイントを捉えていきます。一番大切だというポイントを書き込むことで、より焦点化して取り組むことができます。また、レベルを上げていく表を使って、簡単なところから徐々に自信をつけながら取り組むことができます。

5　話し合って感想を書こう

　冬休みにお年玉でゲームなどを買ったり、もらったりする児童が多い1月のワークシートでは「ネット依存」の話が入れてあります。どんな不利益なことがふりかかるのか読んだり感想を書いたりすることで明確にすることができます。高学年に近づくこの時期にぜひ意識してほしいです。

〈参考文献〉田村学・黒上晴夫『思考ツールの授業』小学館、2013年

4年生、ラストラン計画！

年　　　組　　　番　名前（　　　　　　　　　　　　）

１　4年生でしたこと、よかったこと、足りなかったことをエリアチャートにまとめよう。

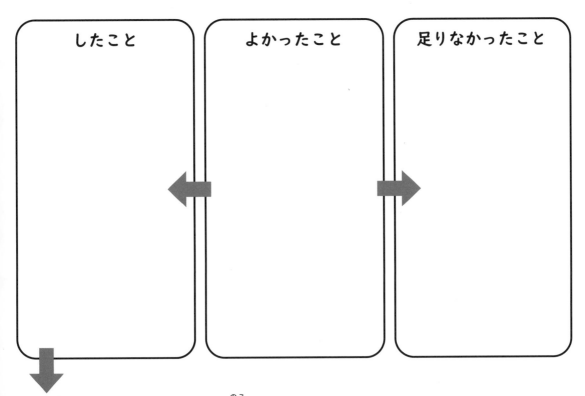

したこと	よかったこと	足りなかったこと

２　足りなかったことから、残(のこ)りの時間でがんばりたいことを書こう。
　（一番かん単(たん)にできそうなことから書きます。）

レベル	がんばること	チェック
1		✓
2		✓

※できたものにチェックをしよう↑

最後のルーブリックをつくろう！

年　　組　　番　名前（　　　　　　　　　　　　　　）

1　フィッシュボーンチャートで、クラスの課題を見つけよう。

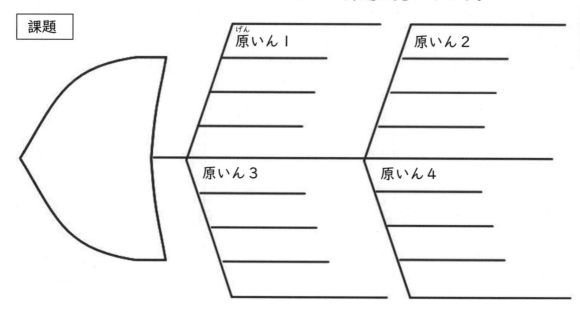

課題

原いん1

原いん2

原いん3

原いん4

2　最後のルーブリックをつくろう。（下に行くほど、レベルを上げていこう）

レベル	（例） 発表する	（　　　　　　　　）	（　　　　　　　　）
1	1日に1回 発表する		
2	1日に3回 発表する		
3	1日に 5回以上 発表する		

※できたものを○でかこみましょう↑

成長したことを伝えよう！

年　　組　　番　名前（　　　　　　　　　　　）

1　自分の成長を見つめてみよう。

	がんばったこと	こんなふうに成長したよ
1		
2		
3		

2　その中から「伝えたい」ことを1つ決めよう。
また、なぜ成長できたのか、理由も考えよう。

伝えたいこと
理由

3　伝える方法を考えよう！

画用紙に絵をかく	
「できたこと新聞」を作る	
Google スライドを使う	
その他（　　　　　　　　　　　　　　）	

※選んだものに〇をつけよう↑

ノートのとり方を考えよう

年　　組　　番　名前（　　　　　　　　　　　　　　）

1　友達と話し合いながら、ノートをとるときに大切にすることを考えよう。
　　　　　　　　　の中には、一番大切にしたいことを書こう。

2　ノートをとるときに、がんばりたいことをレベル1〜
　　3まで、3つ決めよう。

	がんばりたいこと	できたら「◎」をつけよう。
レベル1		
レベル2		
レベル3		

話し合って感想を書こう

年　　　組　　　番　名前（　　　　　　　　　　　　　）

〈　　〉に入るのは、どんな人か考えながら、先生の後に続いて
読んでみよう。

〈　　　　　　〉な人
①プラス思考（前向き）
②こだわりすぎない
③よくゆずる
　（自分のとくばかり求めない。）
④人をひ定しない。
⑤ぐちが少ない。（ほとんどない。）
⑥人の失敗にやさしい。
⑦「～して」がほとんどない。
　（注文が少ない。）

自分で考えてみよう。

〈　　〉に入る言葉は、〈　　　　　　　　　　　　　〉な人

〈　　〉に入る言葉について話し合い、感想を書こう。

4年生 2月 学級の結びつきを高めるワーク

〈2月はこういう時期〉

　2月になると、高学年への意識が高まります。自分のことだけでなく、下学年のために動こうという思いが芽生えるチャンスです。学級での結びつきを高めることで、動きは活発になるでしょう。5年生での良いスタートを切るために、「凡事徹底」を確認しておくことをおすすめします。

1　6年生を送る会を計画しよう

　6年生に伝えたい思いをみんなで出し合いましょう。また、思いを伝えるために、どんな方法があるかを出し合いましょう。自分たちでつくり上げる経験が、高学年になる自覚を高めることにつながります。

> [意見を集約する Google Jamboard]
> 　自由に付箋を動かすことができるので、グルーピングがしやすいです。

2　クラスの良さを見つめよう

　1年間過ごしてきたクラスの良さを見つけましょう。どんなこと経験をして、どんなことが成長したでしょうか。Google Forms を使うと簡単に集約することができます。さらに、「AIテキストマイニング」を使えば、子供たちの意見で多かったものを抽出することができます。

3　節分パーティーを計画しよう

　「鬼は外、福は内」。節分は自分を見つめ直すチャンスです！　イベントにすることで、楽しく自分の行動を振り返ることができます。計画を立てる力も高めることができます。

4　4年生の思い出をつくろう

　このクラスで過ごすのもあと2か月。楽しい思い出づくりをしましょう。できるようになったことを発表し合う、これまでにしたことがないことを計画する、1年間を動画にまとめるなど、いろいろなことが考えられます。

5　口に二画たして漢字をつくろう

　口に二画という漢字クイズです。漢字辞典を使うかどうかは学級次第です。答え合わせの方法は大きく分けて2つあると考えます。1つ目は、個人作業で、できるだけたくさんノートに書かせた後、ペアやグループで話し合ってグループごとに発表させる方法。2つ目は、個人作業させた後、一人を指名してすべてを板書させ、「これに3つ付け加えられる人？」と尋ね、挙手した児童に板書させます。3つつけ加えられる児童がいなくなったら、同じように「2つ付け加えられる人？」「1つ付け加えられる人？」と尋ねていく方法です。どちらも盛り上がります。

6年生を送る会を計画しよう

年　　　組　　　番　名前（　　　　　　　　　　　　　　　）

Ｉ　6年生の「すごいな」と思うところを書き出してみよう！

（例）いつも委員会をがんばっていてすごいな。

-
-
-

「ありがとう」を一番伝えたいところ：

2　「ありがとう」が一番伝わる方法・6年生が喜んでくれる方法を書き出してみよう！

（例）プレゼントを作る／思い出クイズでしてもらったことをふり返る

-
-
-

決まった方法：

クラスの良さを見つめよう

年　　　組　　　番　名前（　　　　　　　　　　　　　　　）

1　このクラスは、どんなところが成長したと思いますか。
（例）とび箱4だんがとべるようになった。

・

・

・

2　「人のために動くことができてすごいな」と思うことを書き出してみよう。
（例）自分のごみじゃなくても拾っていた。

【自分で見つけたこと】	【友達が見つけたこと】
・ ・ ・ 	・ ・ ・

「人のために動くことができる」5年生に向けて、がんばりたいこと

節分パーティーを計画しよう

（せつぶん）

年　　　組　　　番　名前（　　　　　　　　　　　　）

節分：「みんなが健康で幸せですごせますように」という意味をこめて、悪いものを追い出す日。「おには外、福は内」と言いながら豆まきをします。

（けんこう）

節分について
NHK for school

「直したいこと」
（例）宿題をさぼってしまうこと

（れい）

・

・

・

「できるようになりたいこと」
（例）人にやさしくすること

・

・

・

追い出したい「おに」・よびこみたい「福」をキャラクターにしてみよう！

イラストの名前

_____

くふうしたところ

・・

・・

4年生の思い出をつくろう

年　　　組　　　番 名前（　　　　　　　　　　　　）

１．このクラスでどんな思い出をつくりたいですか。
　（例）みんなで歌合戦をしたい

・

・

・

決定したこと：

２．必要な準備を書き出してみましょう。

チェック	すること	いつまでに
☐		
☐		
☐		
☐		
☐		
☐		
☐		

口に二画たして漢字をつくろう

年　　組　　番 名前（　　　　　　　　　　）

次の文字に二画つけ加えて漢字をつくりましょう。15 こ以上つくったら、中学生レベルだね。漢字辞典を使ってもいいよ。

例：口に一と｜で「田」

① □　　② □　　③ □　　④ □

⑤ □　　⑥ □　　⑦ □　　⑧ □

⑨ □　　⑩ □　　⑪ □　　⑫ □

⑬ □　　⑭ □　　⑮ □　　⑯ □

⑰ □　　⑱ □　　⑲ □　　⑳ □

㉑ □　　㉒ □　　㉓ □　　㉔ □

引用文献：川合賢典『国語学習アクティビティ＆語彙ゲーム 授業の面白活用辞典』（原実践 向山洋一氏）学芸みらい社、2022 年

4年生 3月 素敵に1年をしめくくるワーク

〈5年生になることを見据えて〉

　5年生くらいから、思春期に入る子がいるといわれています。この時期には心と身体に大きな変化が見られます。周囲への反抗が見られることがあります。自分の行動、性格、将来を考えたり、仲間と協力して企画を成功させたりする中で、心の安定を保ち、充実した時間を過ごしてほしいです。

1　ルーブリックを見てふり返ろう

　3月は1年間のまとめの時期であり、次の学年に向けての準備の時期です。4月に書いたルーブリックをもう一度書き、自分の行動を振り返ります。また行動目標をもった状態で次の学年を迎えるために、次の学年のルーブリックを作っておきます。そして、レベルを1～5まで設け、自分のレベルを確かめる形で、振り返ることができるようになっていきます。

2　お別れパーティーを計画しよう

　お別れパーティーを行うためには、目的、企画書、振り返りが必要です。これらがなければ、学びが充実しません。企画書のイメージがないと、子供は書くことができません。ですので、企画書の例を示し、参考にできる形にしてあります。たった1枚のワークシートを見ただけでお別れパーティーの全体像がわかり、見通しが持てます。

3　自分の「続けてきたこと」を見つめよう

　続けることによって、子供たちに力が身につきます（ワークシートを見てから書く）。

4　1年間の思い出を発表しよう

　「1年間の思い出を発表しましょう」と言うだけでは、発表が苦手な子供たちは発表ができません。ワークシートに自分の考えを書き、書いたことを読むという形をとることで、発表することができます。このワークシートを使って発表させることで、発表する力がいかに身についたかを指導者は確認することができます。

5　数学的思考問題の感想を書こう

　数学的思考の基礎基本を改めて考えさせる問題です。大人になっても必ず役に立つテーマがすっきり頭に入る問題で締めくくります。

ルーブリックを見てふり返ろう

年　　組　　番　名前（　　　　　　　　　　　　　）

☆　自分ががんばったことをふり返ろう。

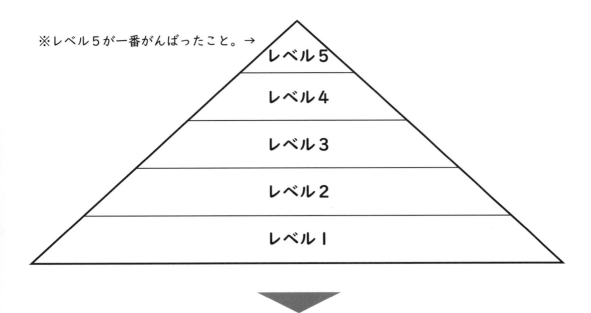

※レベル5が一番がんばったこと。→

レベル	自分ががんばったこと
レベル5	
レベル4	
レベル3	
レベル2	
レベル1	

お別れパーティーを計画しよう

お別れパーティーの流れ
　①目的を決める　　　　②き画書を作る
　③き画書を発表する　　④き画書を書き直す
　⑤お別れパーティーを開く　⑥ふり返る

①目的

②き画書

　①日時　　　②場所　　　③係の分たん　　　④プログラム
　⑤教室のかざり・つくえやいすのならべ方
　⑥ゲームや遊び方のくわしい内よう　　　⑦その他

③き画書を発表する
④き画書を書き直す
⑤お別れパーティーをひらく
⑥ふり返る（ぬってみよう）

| うまくいかなかった | 少しうまくいかなかった | 少しうまくいった | うまくいった | とてもうまくいった |

（できたこと、できなかったこと、次にやってみたいこと）

自分の「続けてきたこと」を見つめよう

年　　　組　　　番　名前（　　　　　　　　　　　　）

☆毎日続けることは自分のゆめをかなえるために、とても大切です。

　続けたことしか自分の力にならならからです。

　しかし、とてもむずかしいです。

　なぜなら、人は目の前のゆうわくに弱いからです。

　例えば、朝、友達と話したくなったり、友達に話しかけられたりして、宿題を出しわすれたり、出すのがおくれたりしたことはありませんか？

　目の前のゆうわくに勝てないと、続けることはできません。

　プロサッカー選手の「本田圭佑」選手はサッカーノートを毎日書き続け、世界で大活やくする選手になりました。

☆自分が「毎日続けてきたこと」を3つ書こう。
　（例）宿題を毎日出す。じゅ業中に書くべきことをノートに全部書く。

①
②
③

1年間の思い出を発表しよう

年　　組　　番　名前（　　　　　　　　　　）

1	国語	2	こう筆	3	毛筆
4	算数	5	社会	6	理科
7	道徳	8	体育	9	保健
10	図工	11	音楽	12	学活
13	総合	14	外国語	15	習い事
16	家での手伝い	17	その他		

☆1年間で、楽しかったこと、がんばったこと、勉強になったこと、できるようになったことなど、思い出を書こう。
　上の1〜17のどれについて書いてもよいです。

☆1年間の思い出を発表しよう。

数学的思考問題の感想を書こう

年　　組　　番　名前（　　　　　　　　　　　　）

◎次のお話を読んでみよう。

　　全部で 10 このおはじきがあります。そのうち 3 つだけ赤色です。

赤いのは全体のどれだけでしょうか。

　　このような問題は、分数で考えてみます。

全体の量に対して、どれだけにあたるかを表したものを

割合（わりあい）といいます。

$$\frac{部分}{全体} = \frac{3}{10}$$

　　分数はわり算でも表せますね。答えを出してごらんなさい。

$$\frac{3}{10} = 3 \div 10 = 0.3$$

　　さらに、この小数を歩合で表すとどうなるでしょう。

野球で考えます。10 回打って 3 回ヒットということは、

打率 3 割ということですね。

$$\frac{3}{10} = 3 \div 10 = 0.3 = 3 割 = 30\%$$

　　また、パーセント（％）で表すとどうなるでしょうか。答えを並べて表してみます。

　　つまり、これらはすべて同じことを表しているのです。

お話を読んだ感想を書こう。

引用文献：木村重夫編著『算数授業に効く！とっておきの語り 167 選 4 ～ 6 年生編』学芸みらい社、2022 年

あとがき

　担任をし始めたばかりのころ、

　「楽しいクラスだけど、このままでいいのだろうか」

とよく思っていました。

　確かに子供は成長しているけれど、担当した学年でどこまで、どのように成長していればよいのか、わからずに悩んでいました。

　今考えると自分に足りなかったことが2つあります。

---

　①学級経営について明確な視点がないということ

　②学級経営の課題に対応する手立てがないこと

　4月当初から担任としてもっていた熱意も薄れていってしまい、ただなんとなく過ごしてしまうようになりました。

　集団というものに現状維持はありません。成長していくか、落ちていくしかありません。なんとなく過ごしていた結果、少しずつ落ちていき、ほころびを感じるようになっていきます。

　またほころびが大きくなって、課題があらわれたところから対応すると、どうしても後手後手になってしまいます。事前におさえておくべきことがあったのです。しておくべき手立てもあったはずです。若いときにはそれが見えてこず、苦しい経験をたくさんしてきました。

　結果、子供たちは成長したのだけれど、これで良かったのだろうか、トラブルもあったし、できるだけ早く次の年度になってほしい、と考えるようになってしまっていました。

　若い先生方で同じような悩みをもたれている方は多いのではないでしょうか。

　「学級経営と言われても何からどうはじめていいのかが、よくわからない」

という声も多く聞こえてきます。

　本書はそんな先生方の手助けとなるものです。

---

　①「6月ならば学級のルールを見直す」、「9月ならば夏休みの経験を学びとつなげる」といったように、それぞれの時期に合わせた「視点」がわかります。

　②ワークシートを用いることによって課題に合わせた手立てを打つことができます。

　③子供の中にもそのような「視点」が生まれ、自然と教師が意図する方向に変容していくことが可能になります。

つまり

> ワークシートの項目を読むだけで学級経営の「視点」がわかる
> ワークシートを配るだけで、子供も「視点」をもつことができる
> 自然と成長につながっていく

そのように本書が先生方の手助けになってくれたら嬉しいです。

　もちろん全てのページをそのまますする必要はありません。クラスの実態を見てそれに合わせたワークシートを考えて使用することができます。本書には明確な「視点」があるため、「今の状態にはこれが必要だ」と教師が捉えることも可能となっていきます。

　また執筆をするにあたり私だけでなく多くのベテランの先生方に協力をお願いいたしました。とくにTOSS で学び多くの実績をもたれる先生方に依頼をいたしました。
　TOSS とは「Teachers' Organization of Skill Sharing」の略で、向山洋一氏をはじめとする、教師の教育技術についての方法を提唱する集団、およびその活動です。
　多くのセミナーを行って研修の機会を設けたり、サークルを各地で開催し、日々の授業や実践を研磨したりしています。
　本書にはそのような日々研鑽をつまれている先生方の学級経営のエッセンスが盛り込まれています。
　学級経営が今よりも楽しくなり、よりやりがいもでてきます。

　末筆ながら、本書を監修してくださった TOSS 代表の谷和樹先生、編集の機会を与えてくださった学芸みらい社の樋口雅子編集長と阪井一仁氏に、心から感謝しております。
　日々仲間として私を支えてくださり、共に学んでいる TOSS の先生方、そして家族にも感謝しております。
　本書が先生方の手助けとなってくれることを祈ります。

岡　孝直

◎執筆者一覧

岡　孝直　　岡山県公立小学校教諭

岡本　純　　岡山県公立小学校教諭

平松靖行　　岡山県公立小学校教諭

岡本　理　　岡山県公立小学校教諭

本田和明　　岡山県公立小学校教諭

永井貴憲　　岡山県公立小学校教諭

利田勇樹　　東京都公立小学校教諭

加藤玖遠　　岡山県公立小学校教諭

和田みのり　島根県公立小学校教諭

藤原　司　　広島県公立小学校教諭

◎監修者紹介

谷　和樹（たに かずき）

玉川大学教職大学院教授。兵庫県の公立小学校担任として22年間勤
務。兵庫教育大学修士課程修了。各科目全般における指導技術の研
究や教師の授業力育成、教材開発、ICT教育等に力を注いでいる。
著書には『谷和樹の学級経営と仕事術』（騒人社）『みるみる子ども
が変化するプロ教師が使いこなす指導技術』（学芸みらい社）など多
数。学級担任として子供達と向き合いながら「どの子も大切にする
優れた教育技術」等を若い頃から向山洋一氏に学び、主にTOSSの
研究会で活動してきた。
現在はTOSS（Teacher's Organization of Skill Sharing）代表、日本
教育技術学会会長、NPO教師力プロジェクト理事長等を務める。

◎編著者紹介

岡　孝直（おか たかなお）

1984年　岡山県生まれ
島根大学教育学部卒業
井原市立木之子小学校教諭（2023年3月現在）
TOSS教育サークルorigin代表
TOSS吉備教育サークル所属

知的生活習慣が身につく
学級経営ワークシート 11ヶ月+α
3・4年

GAKUGEI MIRAISHA

2023年5月1日　初版発行

監修者　谷　和樹
編著者　岡　孝直
発行者　小島直人
発行所　株式会社学芸みらい社
　　　　〒162-0833　東京都新宿区箪笥町31番 箪笥町SKビル3F
　　　　電話番号 03-5227-1266
　　　　https://www.gakugeimirai.jp/
　　　　E-mail : info@gakugeimirai.jp
印刷所・製本所　藤原印刷株式会社
企　画　樋口雅子
校　正　大場優子・阪井一仁
装丁・本文組版　小沼孝至
本文イラスト　辻野裕美 他

ISBN978-4-86757-019-7 C3037